大展好書　好書大展
品嘗好書　冠群可期

大展好書　好書大展
品嘗好書　冠群可期

命理與預言36

房屋風水與運勢

邱震睿／編

大展出版社有限公司　印行

序　言

理想的居住在於「陽宅」

從前，東方的古聖先賢，就深信宇宙中充滿著看不見的力量，它左右天與地，掌握萬物的生死。他們把這種不可思議的力量叫做「氣」，還認為只要懂得這種規律，就可通曉宇宙之理。

真是「生氣」勃勃啊。在日常生活中，雖然無法目睹或代替別人的感覺，但你總會不知不覺地感受到「氣」的力量。

譬如說，元氣、勇氣、人氣、生氣、根氣（耐性、毅力）、殺氣、鬼氣、稚氣、氣象、氣性、氣心、氣溫、霸氣、無邪氣（天真）、天氣等，就有這麼多關於「氣」的話。

「天氣」當然指天中之「氣」，它覆蓋住整個地球，支配自然界，又可說是宇宙之「氣」。

過去的科學並沒有對「氣」做出任何解答。但現代的科學家和物理學家為揭開「氣」的神秘之謎埋頭鑽研。

然而，東方人雖然不懂「氣」的本體，自古以來，卻體驗「氣」的靈妙，並活用在日常生活之中。

很早以前，中國就有「陽宅」這種地理與風水的學說。換句話說，由於居住的地形方位，往往決定了那個人的幸與不幸。歷代的皇帝，為了鞏固長治久安，特招精通「陽宅」的地理師隨侍在側。

所謂地理師，相當於調和建築設計師、建設公司和風水研究者工作的人。他們將肉眼無法瞧見的「氣」找出來，手持羅盤，帶引我們去靈「氣」聚集的地方。

「陽宅」起源於古代中國的陰陽學說。陰和陽、男和女、凹和凸、生和死、火和水這種性質相反又相互補充。他們用「中庸」來平衡和調和這種微妙的關係，最高的德性，整個宇宙，就是由陰和陽——相排斥又相反補充之「氣」形成的。

大地之中也分陰陽，活氣充足的陽地和死氣沈沈的陰地。從活氣充沛、土地肥沃、滿溢陽氣的地方收穫的農作物，總是特別新鮮美味，而從死氣沈沈、貧脊的，不毛之地採來的農作物，不僅外形難看，色澤也失去光彩。

就以大氣來說，有分沉澱而陰氣稀薄之地，和充滿新鮮之氣的地方。

把家建在大地上，居住的人，就能從大地中吸取力量。

住在宅地良好的人，加上吸收新鮮空氣和營養的食物，使體內的細胞活性化，從內部得到充實。同樣站在命運的面前，擁有充沛活力與幹勁的，幸運總是垂青於他。

我們把這種建築在陽氣充裕，和清風流暢，以及水質純淨豐沛，並能招福進吉的「陽基風水」，叫做「陽宅」。

不可思議的「氣」改運造勢

這種「陽基風水」，現在也適用於「家相」之中。

但是，以現代的住宅條件來看，即使斥資千萬也不見得能找到靈「氣」活現的土地。寧可說，那是可望不可及的夢吧了。相對的，地理師的探測工作就比較困難。

我曾把自古以來的「陽基風水」，從「家」充當到「房間」，再調和現代的生活。

按風水來說，從房間的樣式、大小、窗、門位、方位、等大結構，支配著那個人的運勢和吉凶。在本書所提到房間的結構本身問題，係屬風水，主要談的是，房間內部的格局如何開運造勢。

我把它稱呼為「房間相＝格局相」。

「房間相」當然是以長期居住的房間，即自己的個室為對象。居住的愈久，那個房間愈充滿人「氣」。

不僅我們愛用的東西——家具和周遭的東西，都存在著「氣」並相互影響。因此，你的個室的「房間相」，就比風水，更強有力改變你的運勢。

本書所要闡明的，即如何改造自己的房間格局，如何開運亨通，道出它的原由。

打破或改造你周遭的居住空間，是這種格局開運術最大的特徵。

簡單地說，若是你家的窗位或前門方位開得不好，只要房間格局配合自己的星座，就能充分地避凶納福。

這本書希望那些尚未購房，以及想改造房間格局的年輕人一些寶貴意見。誠如本書強調的，我們只要懂得家具或房間佈局中之「氣」，並藉助它的力量，替自己開運造勢，即使對沒有餘裕改造房間格局或購房的年輕人而言，都能輕鬆有趣的嚐試看看。

住在高樓大廈或公寓的人、單身求學的學生、辦公室的小姐，以及新婚夫婦，都希望您們妙用菁英之「氣」。

吸取大地之靈「氣」，生活其中，創造幸福人生，是本書的目的，或許您也能當個現代地理師。

充滿的陽氣從你的房間到遙遠的宇宙無所不在。宇宙也把這股「氣」

傳送到你的屋裡來，我們用這強有力的能源充電吧。「氣」一定會帶給你無比幸運。

目錄

第一章　宅中靈氣
——氣與方位的奇妙關係

第二章　開運從吉屋佈局開始
——用九星格局看你和房間相

第三章　生活中的幸運品
——家具和格局小東西行大運

第四章 時來運轉的佈局計畫

——許願

第五章　這樣的家相要注意！
——搬家、遷居、租賃的建議

第六章　吉屋的格局
——動動腦筋、如何調配色彩、擺設家具

第一章　宅中靈氣

——氣與方位的奇妙關係

宅中靈氣

你大概會爲沙發或床擺在什麼地方，爲地毯和窗簾的材質選色、考慮電視和鋼琴的方位，傷透腦筋吧。總之，你的房間格局，和家具的擺設，影響著你的運勢，這樣一說，你一定覺得驚訝。

「很早就聽說過家相術，但單憑家具的擺設即能改變運勢，我偏不相信……」

這種鐵口的人大概不少吧！

但是，如前面提到過的，家有「家相」，房間有「房間相」。

如房間出入口的方位、窗戶的位置、樣式、結構、家具的擺設、格局的色彩與材質，給予人微妙的影響，左右人的思考與行動，甚而決定運勢的好壞。

這種類似磁氣的能源，相生相尅，流盪於房間、家具、格局方位，作用在人的身上。

這種思想大約起源於四千年或六千年前的中國古代思想之一，即「五行學說」

。

所謂五行學說，簡單地說就是把世界上的萬事萬物，即金、木、水、火、土這個五要素，還原於「氣」的世界觀。換句話說，包羅萬象，生生不息，也包括時間和空間，都受金、木、水、火、土，這種「氣」的支配，而世界也基於這種相互關係，才形成的。

「易經」中闡述了許多五行思想的世界觀。這本三千年前完成的儒家經典，累積了生活中的智慧。可以說是生活哲學的集大成。

現在所謂的家相術和房間相等皆源於周易。

在未談論好的房間相與壞的房間相之前，希望從易經中的一部分，探討房間相的起源。

「五行學說」乃房間相之源頭

以下的乾、坤、震、巽、坎、離、艮、兌各自表示不同的方位，象徵萬事萬物，同時也表示著還原之「氣」。

這樣說或許比較難懂，但易經中關於方位、事物和人的關係、「氣」的流動，記載得十分詳細。

接下來，就讓我們一一來闡述乾、坤、震、巽、坎、離、艮、兌的秘密。

〈震＝正東〉 帝出乎震

新鮮之氣凝聚在東方，萬物也生於和成長於東方。它象徵著朝氣蓬勃和年輕的力量，太陽初昇，曙光微露，意味著開運之時。

這時的太陽並非悄悄初昇，而是一下子跳躍起來，露出萬道光芒。

從季節上來說，早春雪融，綠意萌生的時候。日出時刻指早晨之光，相當於家中的長男之座。

總而言之，它意味著氣象萬千，萬事更新的前進力量。從色彩來說，黎明前，地平線上空氣與天空的顏色會慢慢轉白。建築物與風景，也蒙上一層淡淡的蒼茫之意，它就是東邊方位的象徵色彩。

用五行解釋的話它屬木，表示綠樹萌芽之氣。

它震撼著空氣，是一切東西的象徵物。

＜兌＝正西＞　瑞言乎兌

這時你的努力都有所成就，應該舉杯設宴慶祝。而且也應和其他的友人。來分享你的成果。

從季節來說，相當於豐收的秋天。以時刻來說，它能消除身體的緊張感，舒緩入眠。

換句話說，它相當於年輕的女性。特別喜愛豪華宴會注重打扮。這個方位象徵著愛熱鬧的女性。

同時它也指出年輕人的冒失、輕率、錯誤。

從色彩來說，它如夕陽之色，橘色與白色。可以說是白雲和鮮橘色的調和。

用五行來說，它屬金，夕陽之色，表示黃金之色的財運。

以物性來說，它指服飾用品、時髦裝飾等。兌＝西的象徵物。

〈離＝正南〉 相見乎離

太陽當頭的時候剛好在南邊，整個輪廓清晰可見，觀察事物比較確切入微。

總之，優秀的人朝南方頭腦較能保持冷靜與明晰，掌握國家的整個動向，決定重要方針。

以季節來說，它猶如陽光燦爛的盛夏一般；太陽走到南中，大約在中午前後。

以人來譬喻的話，它是成熟美麗的女人。

以色彩來說，指紅色與紫色。

五行之中，屬火。

以東西而言，它表示書籍等有關的知識。南方它意味著「觀察入微」，從而也象徵著視覺的東西——電視、書、照明等方位。

艷陽的普照之下，光和影特別分明。因此南方位，決不曖昧，生與死的對照強烈。

＜坎＝正北＞　勞呼坎

北方位表示幽暗之處，同時也指工作勞苦。在黑暗之中勞動，不容易引人側目，才能秘密進行。

另外，北方也意謂著水的存在。水是萬物的根源。古人爲促使死者返魂，特將死者朝北躺睡的傳說。同時它也指母胎之中的羊水。

這就是支配著生與死，並象徵著「水」的北方位。

以季節來說，它剛好是一年之末與元旦之交，以時間來說，是深夜十二點前後。

以人譬喻的話，它即非長男也非最小的兒子，而是排行其中的男子。另外，它表示子孫降臨。

象徵色彩是黑色。而且是充滿光澤的黑色。五行之中屬水。

以物性來說，它意味著「秘密」，譬如私人日記、和自己的所有物，或者酒精、咖啡等液體類的東西。

〈艮＝東北〉　成言乎艮

在北方位播種，萌芽在於東北。

一年之中冬至寒冷籠罩，之後才一元復始，其最明顯的特徵都在二月時節。也就是驅鬼儀式——鬼在外，福在內，一邊撒豆，一邊祈願招福。

以季節來說，是初春。以時間來算則是子夜。

以人譬喻的話，是兄弟中最小的兒子。

它的表現方式，停止與變化。常常從靜止狀態中瞬間在眼前展現出來。以色彩來說，它如播種時腳下的土地的顏色，茶褐色、咖啡色、紅磚色等。五行之中，屬土。

以物性來說，它象徵著陶器、桌子等方位。

〈巽＝東南〉　齊乎巽

這個方位表示萬事萬物，整然齊備，信用與幸運的方位，並能發揮重要的效力。

以季節來說，它剛好在黃金假期前後，天氣晴朗。以時間來說，則是從早上到中午這段日照溫煦的時間。

以人譬喻的話，大約是廿歲左右美麗端莊的女子，不懂得人間險惡，心中充滿高尙的愛情。

它的表現方式活潑，朝極有發展性的方向前進。然而它又和單方面突勢的東方位不同，而是爲調整方向所做出的努力和行動。譬如說，訂婚、結婚之類的喜事，或者被社會所承認的活動等。

以色彩來說，它如陽光照耀下的鮮綠色或海藍色的初夏。五行之中，屬木。

以物性來說，指所有芳香的東西，譬如，香水或芳香劑等。它也象徵著毛巾、窗簾布料、紙類或較薄的東西的方位。

＜坤＝西南＞　致役乎坤

這個方位表示幫助他人，不辭辛苦，無論是簡單的或繁重的工作。都能堅決卓苦地達成。

人的身心需要修養，因此「養」字是生活中的基礎。

以人譬喻的話，它猶如大地的母親，肩挑育兒持家的重擔，又做爲社會的一個成員，在工作崗位上奮鬪不懈的女性形象。

以季節來說，大約從夏末到初秋，屬於成熟的季節。以時間來說，午後開始直到傍晚時分。

它的表現方式，雖是沉默，却很踏實，表裏一致。絕不空思妄想，實實在在的生活。如「養」字所象徵的，它往往遭致人的肥胖。

以色彩來說，它用黃色、淺咖啡色、茶褐色、土黃色等，給大地以裝扮。

五行之中，屬土。以物性來說。如百分之百的棉紗布料、紙夾子、橡皮擦等，都是這個方位的象徵物。

＜乾＝西北＞　戰乎乾

這個方位指再怎麼堅強無比的人，也有脆弱的一面，如何避其缺陷，發揮長處，不在思想上預做準備的話，是不行的。

以人譬喻的話，它猶如「完美的父親」，永遠展現著男人的英勇性格。

以季節來說，如晚秋到初冬時分，相當於秋收後，穀物儲倉之時。

以時間來說，如一天的工作結束，家人團聚的時候。

這個方位又象徵著旺盛的精力，一切的努力皆有成就，無論是金錢方面，或者物質方面，它帶來大量的財運，成果輝煌。

以色彩來說，如明鏡照人，白色之光。五行之中，屬金。

以物性來說，鏡子、時鐘、機械類等，都是這個方位的象徵物。

以下就方位和五行之間的性質與關係做個整理。

●**東**＝**木**＝事物的開端。年輕。活力。長男。

●**西**＝**金**＝收穫的喜悅。年輕活潑的女性。華麗。時髦。

●**南**＝**火**＝明白。知性。成熟的女性。

●**北**＝**水**＝黑暗。誕生與死亡。秘密。次子。

●**東北**＝**土**＝由終至始。停頓與變化。最小的兒子。

●東南＝木＝事物整然有序。有發展性的活動。長女。
●西南＝土＝營養。確實。奉獻犧牲。母親。
●西北＝金＝完美無缺。尊敬。鬪爭。父親。

活用靈「氣」佈置房間

在易經中，這八個方位又分成五種，有各自的象徵意義。這種結合關係，到底和房間相有什麼樣的牽連呢？

如前所述，五行之間的相互關係非常重要。

譬如說，木尅土，木又生火——這種五行之氣，是相尅相生的。（請參閱二九頁五行的相互關係）

無論是方位或東西或人，完全受「氣」所制約著，爲了招喚幸運之氣，必須藉助物「氣」和人「氣」來安排格局方位，是一件非常重要的事。那樣的話，「氣」就能發揮強大的功效。

五行的相互關係

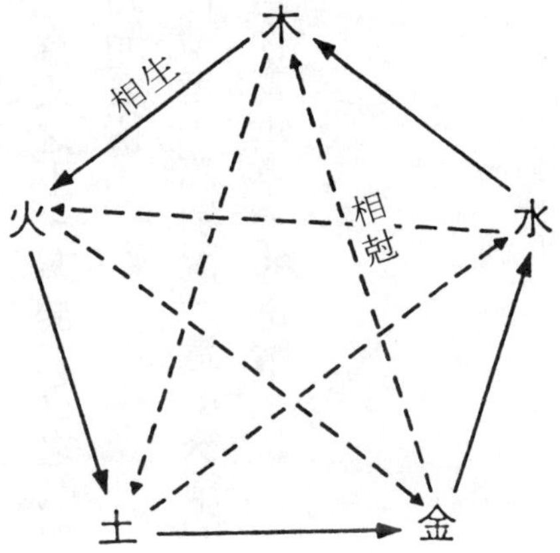

相生

木生火
火成土
土成金
金生水
水成木

相尅

木尅土
火尅金
土尅水
金尅木
水尅火

總之，居住的人「氣」，家具中的物「氣」以及方位之「氣」必須做妥善的調和，才能佈置出好的房間相。而呼應他物之「氣」，和調整自己與周遭之「氣」，並非想像中那麼困難。

在這個意義之下，基於五行之氣加上好的房間格局，會帶給你幸運，可以說是隨身必備的開運術。

請各位讀者千萬別說「這麼狹窄的空間怎麼改呢？」只要稍稍改變床的位置，或許會帶給你萬事亨通的奇蹟。

第二章　開運從吉屋佈局開始

——用九星格局看你和房間相

測量房間的方位

要看房間相的話，首先必須調整房間的方位。無論是擺設家具，也應遵循這個吉屋方位，佈置格局。

因此，測量方位必須十分精確。

①準備羅盤

觀察方位的方法很簡單，只要確定一天之中太陽的移動（東西南北），就可以找到想要的方位。

然而，朝正東或正西的房間却不受此限。因此，須知正確的方位，就得藉助羅盤了。

②房間方位分為八個等分

房間相的方位總共分成東、西、南、北、東北、東南、西南、西北八個等分，每一邊爲四十五度。

順便要提到的是，旅行和房間方位的取法不同；它分成東、西、南、北，各三十度。又在四邊取東北、東南、西南、西北，每一邊爲六十度。

•房間相的方位•

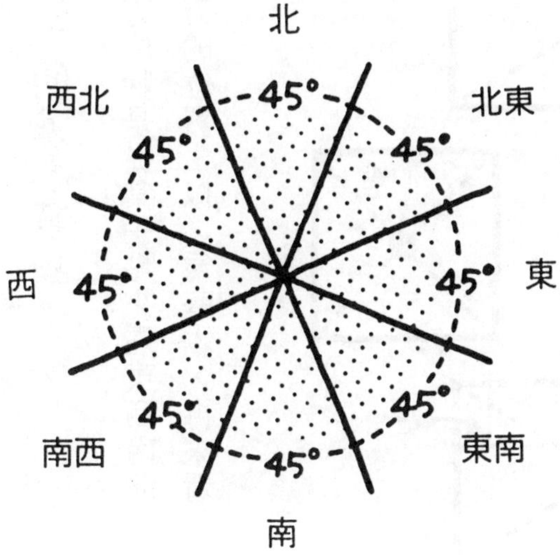

•旅行的方位•

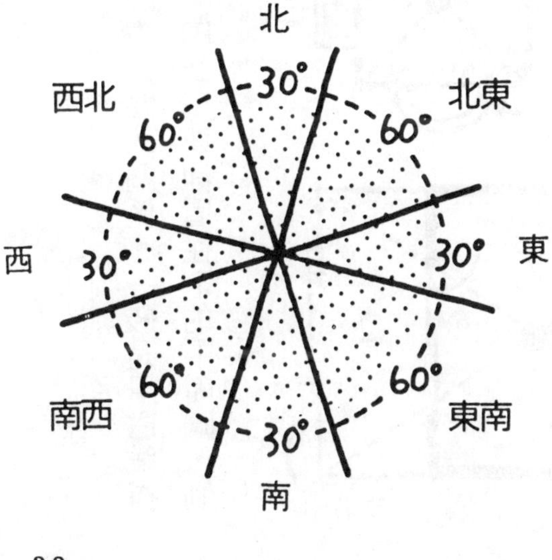

③方位的基本事項

方位就是從某一點來看東西南北方，以及這四方之間的關係。一般是用磁鐵指出北方的位置，以之爲基本，再來看其他的方向。因此，要觀看住宅的平面圖，利

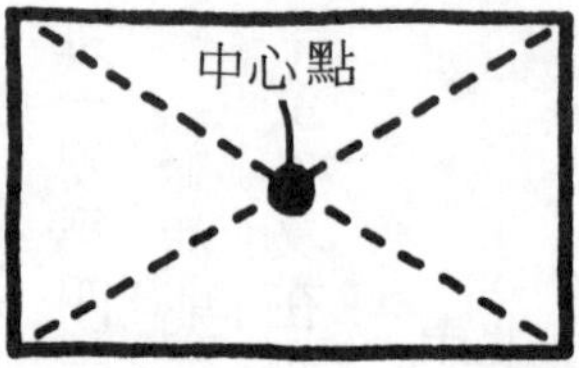

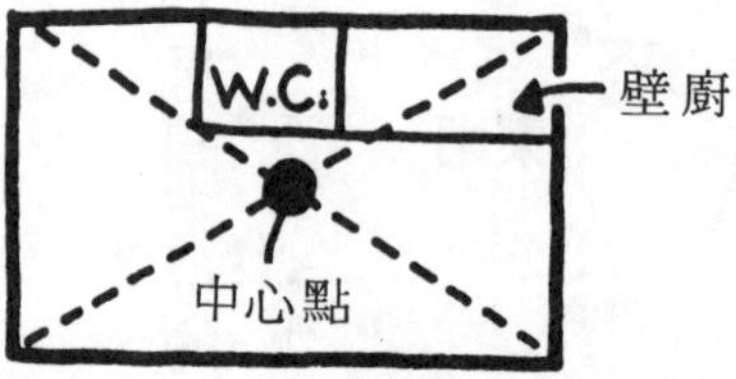

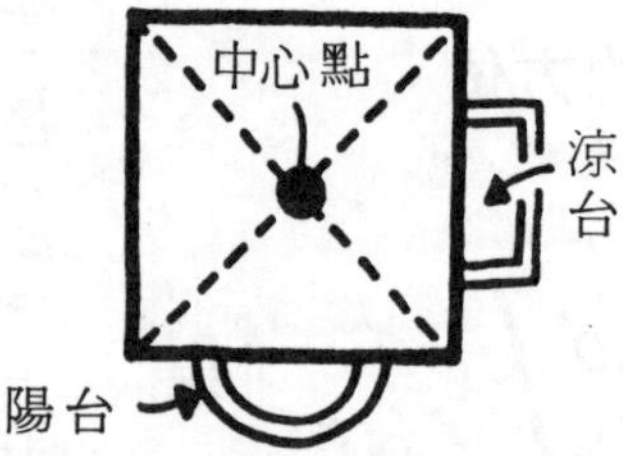

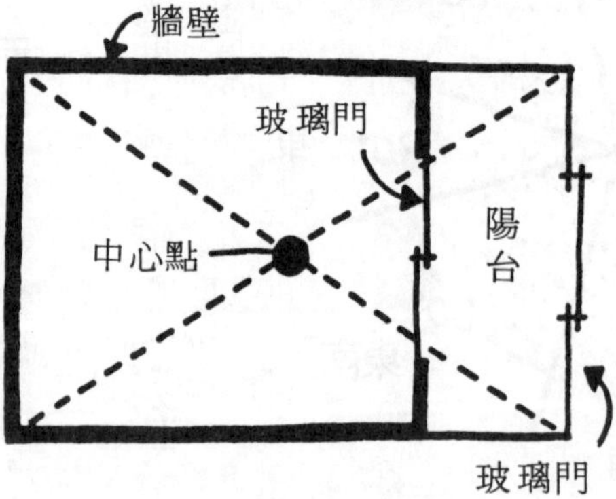

用方格紙把平面圖畫下，必須用方格紙才能夠把住宅吉凶正確地判斷，不可隨便用白紙來畫。平面圖畫好之後，畫對角線求出住宅中心，然後再用磁鐵測量方位。但要注意以下三點。

●浴室和廁所都算房間相的空間

公寓中，浴室、廁所、壁櫥、玄關，以及沒有利用到的死角都算是房間相的空間。因此，在測量方位時，絕不能遺漏掉。但是集合住宅例外。

●房間相的空間不包括陽台或涼台

房間相的空間係指住宅之內，而與外氣交流的陽台或涼台就不算此限。但是，若裝上玻璃阻斷外氣交流的陽台，仍屬房間相的空間。

●有缺陷或彌補的時候怎麼辦

有些住宅的結構十分古怪，這是家相上很大的缺點，所以吉相之家應是從各方

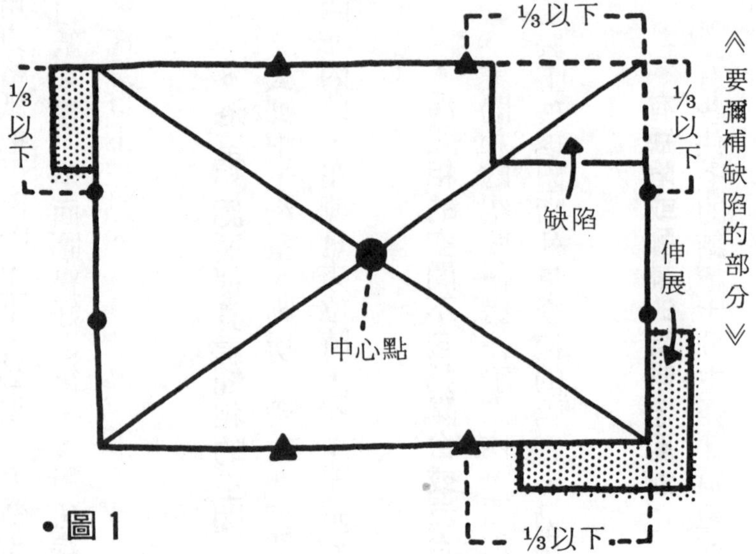

•圖 1

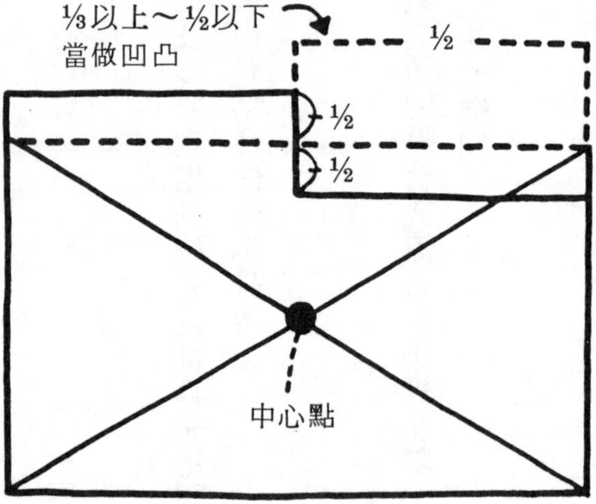

•圖 2

面看皆很調和的住宅。另外所謂缺陷或彌補指每一邊的長度是1/3以下，參考圖一，凹出或凸出1/3的參考圖二。

尋找自己的命運之星

在第一章，我們已經說明過萬物皆受五行（金、木、水、火、土）之「氣」所制約著，而房間相就是以五行做爲方位的基礎。

因此，你若不知道你的房間和自己的五行之「氣」，就無法判斷房間相。五行之中，你到底是那個格局？

首先，你必須從出生年月日，找出自己的本命星，再與五行合對。命運之星有九個，象徵著各自的方位，即金、木、水、火、土。

知道了自己的星座，再配合自己之「氣」，來佈置房間，就是開運的秘訣。

Ⓐ九星格局的象徵方位與五行之氣

●北斗星＝北＝水之氣
●太地星＝西南＝土之氣
●龍氣星＝東＝木之氣
●信用星＝東南＝木之氣
●中央星＝沒有象徵方位＝土之氣
●天高星＝西北＝金之氣
●連喜星＝西＝金之氣
●城土星＝東北＝土之氣
●楊貴星＝南＝火之氣

Ⓑ九星格局與五行的關係

木之氣＝龍氣星、信用星
火之氣＝楊貴星
土之氣＝太地星、中央星、城土星
金之氣＝天高星、連喜星

水之氣＝北斗星

以九星去合對五行的話，就會像Ⓑ出現的「木之氣」「土之氣」「金之氣」中，有兩個至三個星座。

譬如，「木之氣」，就有龍氣星和信用星。但是雖屬「木之氣」，這兩顆星的性質却不相同。如Ⓐ所示，每一顆星表示的方位都不一樣。以易經來解說的話，同屬「木之氣」，因方位象徵的意義，性質也有所不同。

譬如，龍氣星（東）的木之氣，象徵著萌芽吐綠的小樹，而信用星（東南）的木之氣，却表示著枝葉繁茂的大樹。因此，在考量房間相的時候，屬於相同的五行，性質不一定一樣。

屬「土之氣」和「金之氣」的星座也可以這麼說。

房間相的方位分爲東、西、南、北、東南、西南、西北、東北，唯獨中央星沒有象徵方位。但是，雖沒有象徵方位仍受五行制約著。

中央星的五行屬「土之氣」，屹立大地之中。

以下就讓我們說明你的命運之星——九星格局的找法，尋找你的星座。

●九星格局的求法

A　2月5日到12月31日出生的人

①先把你的出生年月換算成西曆。

譬如，你是民國53年出生的話，53＋11＝64，64爲西曆下二數，則西曆爲一九六四年。

②再把每一個數字相加

1964年＝1＋9＋6＋4＝20

然後再一個一個相加

20＝2＋0＝2

你的象徵數就是2。——楊貴星

③從上表中，找你的象徵數，以及那顆星的格局。

B　1月1日到2月4日出生的人

象徵數	九星格局
1	北斗星
9	太地星
8	龍氣星
7	信用星
6	中央星
5	天高星
4	連喜星
3	城土星
2	楊貴星

表1

參照表2，找尋你自己的九星格局。

表 2

（民國 15 年）1926 年 1 月 1 日～2 月 3 日→龍氣星
（民國 16 年）1927 年 1 月 1 日～2 月 4 日→太地星
（民國 17 年）1928 年 1 月 1 日～2 月 4 日→北斗星
（民國 18 年）1929 年 1 月 1 日～2 月 3 日→楊貴星
（民國 19 年）1930 年 1 月 1 日～2 月 3 日→城土星
（民國 20 年）1931 年 1 月 1 日～2 月 4 日→連喜星
（民國 21 年）1932 年 1 月 1 日～2 月 4 日→天高星
（民國 22 年）1933 年 1 月 1 日～2 月 3 日→中央星
（民國 23 年）1934 年 1 月 1 日～2 月 3 日→信用星
（民國 24 年）1935 年 1 月 1 日～2 月 4 日→龍氣星
（民國 25 年）1936 年 1 月 1 日～2 月 4 日→太地星
（民國 26 年）1937 年 1 月 1 日～2 月 3 日→北斗星
（民國 27 年）1938 年 1 月 1 日～2 月 3 日→楊貴星
（民國 28 年）1939 年 1 月 1 日～2 月 4 日→城土星
（民國 29 年）1940 年 1 月 1 日～2 月 4 日→連喜星
（民國 30 年）1941 年 1 月 1 日～2 月 3 日→天高星
（民國 31 年）1942 年 1 月 1 日～2 月 3 日→中央星
（民國 32 年）1943 年 1 月 1 日～2 月 4 日→信用星
（民國 33 年）1944 年 1 月 1 日～2 月 4 日→龍氣星

（民國 34 年）1945 年 1 月 1 日～2 月 3 日→太地星
（民國 35 年）1946 年 1 月 1 日～2 月 3 日→北斗星
（民國 36 年）1947 年 1 月 1 日～2 月 4 日→楊貴星
（民國 37 年）1948 年 1 月 1 日～2 月 4 日→城土星
（民國 38 年）1949 年 1 月 1 日～2 月 3 日→連喜星
（民國 39 年）1950 年 1 月 1 日～2 月 3 日→天高星
（民國 40 年）1951 年 1 月 1 日～2 月 4 日→中央星
（民國 41 年）1952 年 1 月 1 日～2 月 4 日→信用星
（民國 42 年）1953 年 1 月 1 日～2 月 3 日→龍氣星
（民國 43 年）1954 年 1 月 1 日～2 月 3 日→太地星
（民國 44 年）1955 年 1 月 1 日～2 月 4 日→北斗星
（民國 45 年）1956 年 1 月 1 日～2 月 4 日→楊貴星
（民國 46 年）1957 年 1 月 1 日～2 月 3 日→城土星
（民國 47 年）1958 年 1 月 1 日～2 月 3 日→連喜星
（民國 48 年）1959 年 1 月 1 日～2 月 3 日→天高星
（民國 49 年）1960 年 1 月 1 日～2 月 4 日→中央星
（民國 50 年）1961 年 1 月 1 日～2 月 3 日→信用星
（民國 51 年）1962 年 1 月 1 日～2 月 3 日→龍氣星
（民國 52 年）1963 年 1 月 1 日～2 月 3 日→太地星

（民國53年）1964年1月1日～2月4日→北斗星
（民國54年）1965年1月1日～2月3日→楊貴星
（民國55年）1966年1月1日～2月3日→城土星
（民國56年）1967年1月1日～2月3日→連喜星
（民國57年）1968年1月1日～2月4日→天高星
（民國58年）1969年1月1日～2月3日→中央星
（民國59年）1970年1月1日～2月3日→信用星
（民國60年）1971年1月1日～2月3日→龍氣星
（民國61年）1972年1月1日～2月3日→太地星
（民國62年）1973年1月1日～2月3日→北斗星
（民國63年）1974年1月1日～2月3日→楊貴星
（民國64年）1975年1月1日～2月3日→城土星
（民國65年）1976年1月1日～2月4日→連喜星
（民國66年）1977年1月1日～2月3日→天高星
（民國67年）1978年1月1日～2月3日→中央星
（民國68年）1979年1月1日～2月3日→信用星
（民國69年）1980年1月1日～2月4日→龍氣星
（民國70年）1981年1月1日～2月3日→太地星
（民國71年）1982年1月1日～2月3日→北斗星

（民國 72 年）1983 年 1 月 1 日～2 月 3 日→楊貴星

（民國 73 年）1984 年 1 月 1 日～2 月 4 日→城土星

（民國 74 年）1985 年 1 月 1 日～2 月 3 日→連喜星

（民國 75 年）1986 年 1 月 1 日～2 月 3 日→天高星

（民國 76 年）1987 年 1 月 1 日～2 月 3 日→中央星

（民國 77 年）1988 年 1 月 1 日～2 月 4 日→信用星

（民國 78 年）1989 年 1 月 1 日～2 月 3 日→龍氣星

（民國 79 年）1990 年 1 月 1 日～2 月 3 日→太地星

（民國 80 年）1991 年 1 月 1 日～2 月 3 日→北斗星

（民國 81 年）1992 年 1 月 1 日～2 月 3 日→楊貴星

（民國 82 年）1993 年 1 月 1 日～2 月 3 日→城土星

（民國 83 年）1994 年 1 月 1 日～2 月 3 日→連喜星

（民國 84 年）1995 年 1 月 1 日～2 月 3 日→天高星

（民國 85 年）1996 年 1 月 1 日～2 月 3 日→中央星

（民國 86 年）1997 年 1 月 1 日～2 月 3 日→信用星

（民國 87 年）1998 年 1 月 1 日～2 月 3 日→龍氣星

※表格中的 2 月 3 日、2 月 4 日都指立春前一天。

北斗星　冷靜、神秘充滿魅力之星

＜基本的性格＞

北斗星的特徵是冷靜韌性十足。這種格局的人，絕不擺濶，必要的時候。還會帶動會場氣氛，擔任丑角，博取歡聲。但腦中依然保持清醒，它給人的印象是，神秘而猜摸不著。

但是它的最大長處，家庭觀念較重，與其注重外表，不如充實內在來得確實，尤其對家人或親戚的感情特別濃厚。然而這種「血濃於水」的觀念，只有在血緣關係上才能完全被接受。

另外，值得注意的是，它不擅長於人際關係，比較容易爲了袒護屬下與上司頂撞，眞正的知心之友大都與自己的年紀相仿。

這種格局的人，特別要注意腎臟和婦女病的防治，即使現在不發生，十年或二十年後，也會出現腰痛、子宮腫痛、膀胱炎等疾病。

＜趨吉避凶的方位＞

南北皆凶。朝北擋簾可避凶

對北斗星來說，南或北皆是凶相。因此，要檢查看看是否有所疏漏。（特別是生銹或打釘痕跡）

任何一個格局的人，都有凶相與吉相，北斗星朝南方方位不好，容易自暴自棄，多年來努力付諸於流水。朝北方方位亦然，常常得不償失。

這種格局的人，應注意腎臟疾病發生，朝北易生災難。尤其是朝正北的玄關、房間，要愼爲小心。假如能遷居的話，最好找南或北都沒凸出或凹陷的房子爲宜。但北側窗戶，爲避免冬天寒風灌入，可用膠布貼住隙縫，或者用較厚的窗簾遮擋可避凶。

窗簾的長度要比窗格子大，至少應垂掛到與床齊長的位置。

南方方位與北方方位比較起來凶煞較少。但儘量避免把桌子等緊靠在南方的牆

壁。要置放桌子的話，朝西、西南、西北皆吉。睡向不要朝南或北，那樣容易使人心浮氣燥，除此之外皆可，尤其是西南、西、東北，大吉方位。

〈開運色彩、素材、樣式、幸運品〉

黑色屬吉。小家具大空間。清掃用具開運來

●開運色彩

北斗星是暗夜之星，因此，黑色即是它的基本色，又是它的開運色彩。另外，想轉換氣氛或振作精神時，可用粉紅色、白色、金黃色、銀色等。

若想回復到那種充滿餘裕，屬於自己

的空間和悠閒的心緒，可佈置些海藍色、墨藍色、橄欖色的東西。

●素材、樣式

北斗星格局的人，什麼素材都可以。但尺寸不可太大。房間再怎麼寬敞，沒有必要的話，樣式愈小爲宜。

窗簾、椅墊、亞麻布的色澤儘量採用水珠點樣式，譬如說，大紅色的水珠斑點和小黑色水珠斑點相較起來，後者容易得到幸運的垂青。

特別是我們一天三分之一以上使用的起居用具，譬如枕頭套、被單的花樣，都應如此選購。

●幸運品

北斗星主司水，必須用屬金的東西開啓幸運之勢。

儘量選用色澤玄妙的日式拉窗，和氣氛柔和的枱燈，因爲，玄妙即象徵水之氣。

水又表示低勢，購買家具時，請勿選購高大型的東西。

譬如，有坐椅的梳妝台比直接坐在床頭的鏡台來得好，或者座桌優於長脚桌子。

北斗星

幸運格局

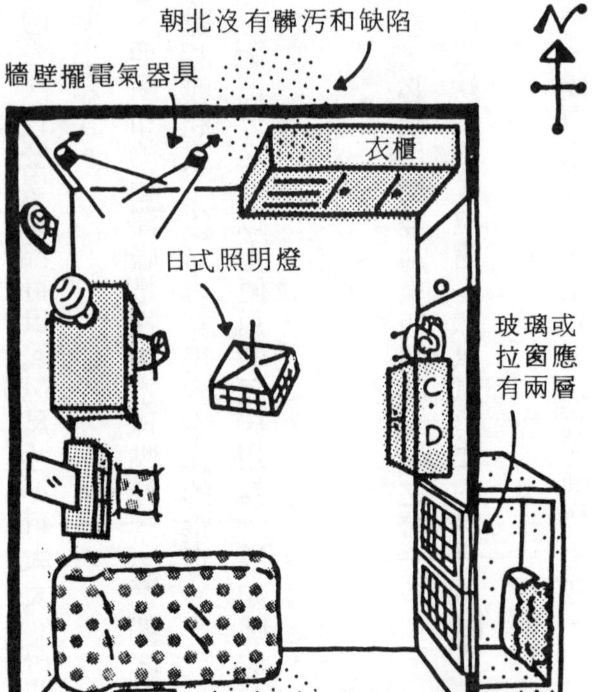
朝南沒有髒污和缺陷

有效地利用間接照明氣氛宜人

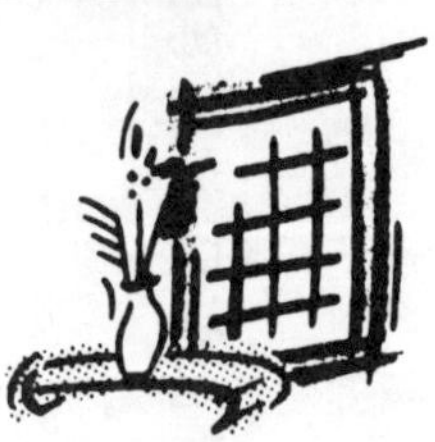

。擺飾花卉也一樣，儘量不要放在家具上或床上，遮擋視線，展現上部空間的寬濶。這樣擺設方式，比較適合北斗星座冷靜溫和的性格，並帶來幸運。

冷藏室、衞生用品，特別是清掃用具，是北斗星的幸運品，經常保持抹布的清潔，隨時都可備用的心情。北斗星格局的人，用不著購買高貴的東西，只要注重清潔就行了。千萬別因忙碌，一星期不打掃房間，那樣會使幸運減半，總之，注意衞浴與身體的清潔。

太地星 不屈不撓道道地地的大器晚成之星

＜基本的性格＞

太地星猶如大地的母親，它的特徵是現實主義與堅實。儘管身處惡劣的環境之下，只要充滿信心，便勇往直前的走下去。

它和那些驕生慣養的小姐不一樣，喜歡向困難和未知的世界挑戰，這就是太地星努力踏實的性格，同時它又是心地善良愛情深厚的人。

偶爾也出出風頭，但會反問自己，這是我的個性？它會這樣自問自答、自我反省，假如它已決定自己的人生方向，它就會不顧一切從燦爛的舞台走下來。

是不是脚踏實地，就是這個星座格局的人，生活方式的原點。因此，它的努力比別人遲晚，但一經花開，就會枝葉繁茂地開展四方。

須注意的是，這個格局的人，太過仔細，往往未能窺其全面。譬如，在公司只侷限於所屬業務範圍，無視於公司的決策方針或其他部門的狀況，道長說短，惹人瞧不起。

周圍一但出現能幹的人，明明不想依靠其力，却起依賴之心，失去原來踏實的性格，同時又會周期性的犯怠惰之心，這也是太地星的特徵，克服了這點，就能開運亨通。注意消化器官的調適，一般說來都很健康。

＜趨吉避凶的方位＞

東北或西南皆凶。這兩個方位若有窗戶用家具封堵起來

對被「土」所支配的太地星的人來說，東北和西南這兩個方位，要特別注意。因爲東北的方位是外鬼門，西南方位是內鬼門，都警戒著，而太地星所帶的「土」，就是連接這兩個鬼門。

爲了不讓潛藏在這兩方位的「鬼氣」串通起來，得看看東北和西南是否有缺陷。這兩個方位和其他方位不同，它的最好吉相是以沒有缺陷或彌補，爲基本條件。

另外，東北或西南這個方位若安裝窗戶便是凶相。窗戶寬大或者起床見窗都不

好。這時若要趨吉避凶，可用衣橱、書架或大型家具，牢牢堵住東北方的窗戶，一來即能阻斷「鬼氣」的流通。如果不能堵住東北方位的窗戶，可留些日照程度堵塞西南方位的一角。

窗戶若只有一邊，就沒有必要予以封堵。

北、東、南等方位都是吉相。

＜開運色彩、素材、樣式、幸運品＞

●開運色彩

黃色、淺咖啡色皆吉。使用給人溫暖的自然素材

太地星象徵著大地，基本色是黃色與

淺咖啡色，換句話說，它如黃河的顏色。要給太地星充滿幹勁，只有紅色或紫色。這兩種顏色，足以使它壯膽，嘩啦地改變氣氛，又是開運色彩。

太地星的性格也是一本正經，想輕鬆的時候，可用白色、金黃色、白金色等。

●素材、樣式

與太地星有緣使其開運的還是自然的東西。

以素材來說，百分之百的麻紗或純綿。使肌膚柔軟，感覺清爽的東西。

以樣式來說，細小，分散的小花模樣、自然色彩爲佳或者奔放的花樣，最適合太地星。

形狀以長方形、正方形與太地星相宜。

●幸運品

象徵太地星帶「土」的桌子、椅子、厠所一定要齊備，當然仍以自然素材爲主，不用多加添飾，結構穩固即可。

陶器類也是火和土之作，值得使用。

另外，太地星的人最不可思議的是，把袋子、箱子、容器擺在一起時，不知不

太地星

幸運格局

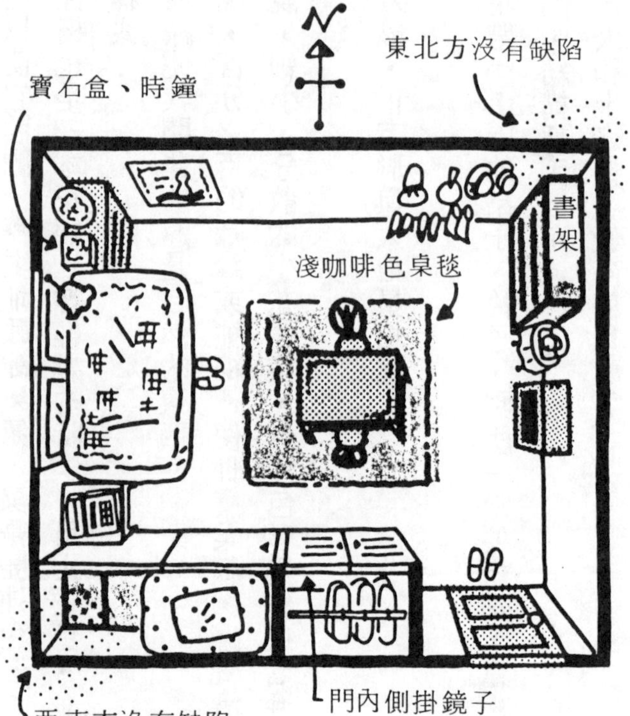

淺咖啡系列效果十足

覺會有增加的趨勢。

譬如，購買寶石盒的時候，服飾用品會一下子增加許多，即表示對手提袋之類的東西很著迷。

拖鞋也是太地星開運的幸運品。那是印在大地之上的「脚印」。在購買鞋子時，不妨買品質好一點的。

其他，浴巾、浴衣，以及玩具以外的骨董小飾品，都是幸運品（關於玩具的部分請參照九十五頁）

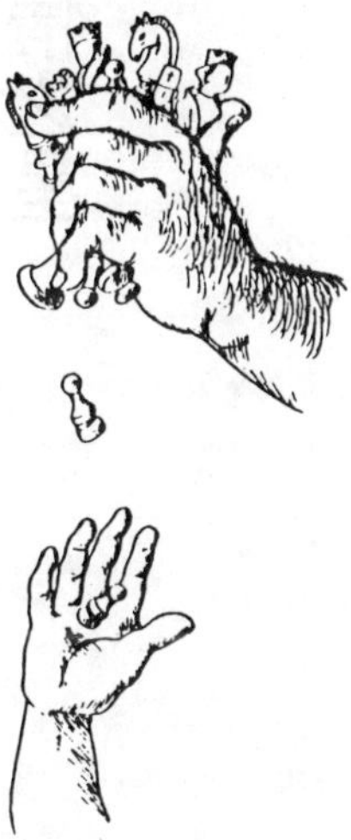

龍氣星　充滿年輕與進取的熱情之星

＜基本的性格＞

龍氣星如字面之義，表示龍之氣魄。雖不見龍形，却感龍氣。

龍氣星的特徵，積極進取，直感能力為衆星座之冠。

龍氣星散發出的行動力乃超越拔群，特別是心目中理想對象出現時，便全力以赴，在所不辭，一旦愛上男性，寧爲愛情俘虜。但這猶如遊龍上天下地，熱情極易冷却。另外，龍氣星另一特徵是，感情變化忽起忽落，如劈竹之勢乾脆利落，個性直率。

龍氣星又喜歡清潔工作。

運勢來說，年輕時飛黃騰達，很早出人頭地，但偶爾差錯，時好時壞，變化極大，因此，安定感情，打下生活基礎，是開運的課題。

健康方面，應注意腳，神經過敏。

〈趨吉避凶的方位〉

東、西方位皆凶。謹防漏水、生銹、髒污。清潔開運

對受「土」制約者的龍氣星而言，最大弱點乃東、西兩個方位。東，日昇之處，這方位若銹污髒亂，事實上飽受挫折，運勢惡化，每況愈下。不僅如此，每從頭起步，便一跌三扶。

龍氣星座的人，與他人共事或受人勸誘，導致失敗機會較多，最後只好獨嘗苦果。

東窗下有下水道或溝圳的家相，易遭凶煞。或者在東方方位堵牆的家相也不好，那會減少行動力與進取之氣。

那也就是出外嫌麻煩，與人不合，喜歡一個人關在家裏，從而抵消了龍氣星的積極性。

西方方位若不淨、缺陷、漏雨，婚姻戀愛則易遭致破局。處置方法是，東西兩

方位常保持清潔暢通；西方方位擺飾花束，可避凶。西北、西南等方位都是吉相。

〈開運色彩、素材、樣式、幸運品〉

綠色屬吉。竹與籐帶春意

●開運色彩

龍氣星的基本色是綠色，它象徵春之晨，如萌芽草色，水色也是幸運色彩。若想激發潛在能力，以黑色或透明色澤之物，譬如涼椅，或透明的塑膠雨傘，居家出外皆吉。

如果採用紅色或橘紅色等暖色調來統一格局，自然會喚醒你心中的奉獻精神。熱心助人，終有一天自有回報。

●素材、樣式

這種格局的人，因受「木」制約者，以植物性素材爲吉。譬如，竹簾、木板床，木製家具，甚至木槽也比塑膠浴槽來得好。總之，一切格局裝飾物以木製品優先考慮。

枕頭套與被單的花樣，以橫條紋較有幸運之氣，什麼形狀都可以。

●幸運品

龍氣星是以「木」爲中心，「水」爲支援，「火」爲扶助等格局，請一一備妥。

首先，將折疊椅，青竹踏板，盆栽備好，這些都是帶「木」之物。在擺飾花木時，寧可葉子、莖幹等綠色部分凸顯於花朵。譬如麥穗、菊花比大丁草更適合龍氣星。

龍氣星如字面意義，與其窺其龍姿，不如先知龍之氣魄，因此，肉眼難見的，却有所存在，它和電氣也相當有緣，電氣製品對龍氣星來說是幸運品。

音響設備屬「木」，電視與「木」和「火」投緣，咖啡機、果汁機、熱水瓶等都是與「木」和「水」合緣的幸運品，龍氣星座的人，應活用這些格局之物。

龍氣星

幸運格局

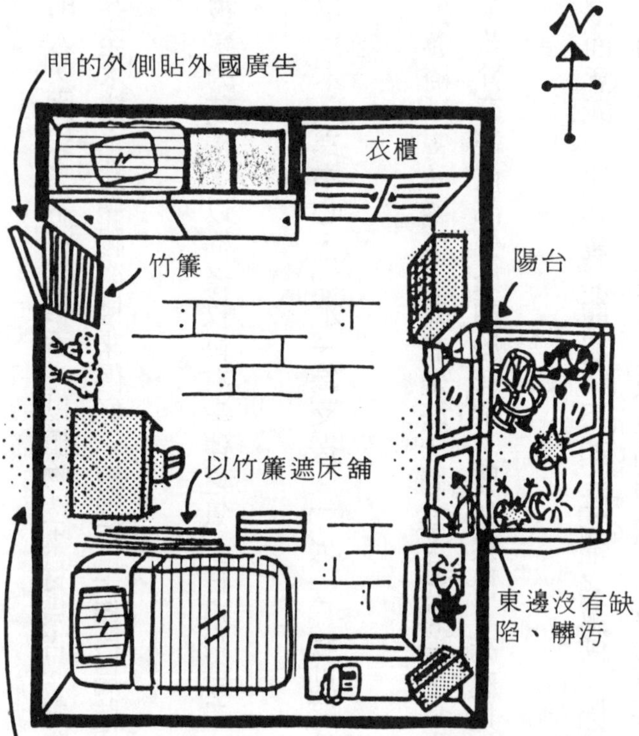
西邊沒有缺陷、髒污

清爽的感覺美好人生

信用星　受人提拔的人氣之星

〈基本的性格〉

信用星的特徵是，信人則被人厚愛，相信自己才能改運造勢，所謂「信用」指他人對自己的評價，少了第三者幫忙，發展較難。

這種格局的人，人際關係非常靈敏，感受性豐富，而且很細心。假如，現階段的人際關係差強人意的話，肯定是時運未濟，懷才不遇。

但事與願違時，便有失優雅、神經過敏，無法忍受他人臉色。

對女性而言，戀愛時相好無比，結婚之後往往一改初衷另找他愛。男性則不同，妻運強，有能幹型的女性替他分憂解勞。

財運的話，對交情深厚的朋友出手大方，不知節儉，存大筆錢較難，與其動輒購買不動產，或分期付款，不如節省交際費用來得理財之道。

健康狀況，應注意腸胃病、骨折、事故，尤其是行車安全。

〈趨吉避凶的方位〉

東南、西北方位皆凶。東南欠角結婚惡，芳香小物開吉相

受「木」制約者的信用星格局的人來說，最大弱點乃東南與西北兩個方位。東南方位指旅行出外，人際關係，西北方位指工作和父親。信用星格局的人，對人天眞純樸，人際關係的好壞往往決定著個人運勢，房間佈置不得不謹愼。

巽指東南，乾指西北，自古以來，它即象徵社會信用和財富，是重要方位，請留意，任何一個方位有缺陷皆犯禁忌。

東南方位有缺陷，對結婚和信用問題不利，財運也會受損。只稍彌補一下，便爲吉相。假如這方位沒開窗或有缺陷，可用其他物品擺設，轉爲吉相之方。

譬如，在東南方位擺放芳香劑，或緞帶裝飾，西北方位掛個圓鏡或者掛圖，均有助於財運與交際運勢。

保持東南方位通風良好是一件大事，梅雨期間或下雨天，可放些除濕劑，或打

開電扇，調節室內空氣，消除濕氣。

西北方位乃神聖之方位，首先應從此方開始清掃，並保持房間整潔，運氣漸漸亨通。這個星座格局的人，以西或南爲吉方位。

〈開運色彩、素材、花樣、形狀、幸運品〉

海藍色屬吉。木製品皆開運

●開運色彩

海藍色是信用星的基本色，它表示初夏季節，另一種顏色是綠色與墨綠色，在與人發生摩擦，或失去自信，或想提起衝勁時，可用黑色或者極淡的色彩，調整心緒。同時又能鎮定神經，恢復元氣。

●素材、花樣、形狀

信用星格局的人屬「木」，基本上以木製品爲佳，或者細長的、薄的、間隙的東西，較能開運。譬如，鉛筆、鋼筆、手册、備忘錄等文具。

窗簾以細薄絲綢，直線花樣最好，或者帶有波形襞皺花邊，均能好運相連。

●幸運品

信用星，乃性情溫和，以繪畫來說，相當於竹久夢二的世界。（一八八四～一九三四，畫家兼詩人。本名茂次郎，以美人圖和感傷詩文，聞名於世。）

信用星格局的人，最不能缺少的是香料之類的東西。譬如檀香扇、香環、咖啡等，花更能增添魅力。

照明設備，細長、直線、棒狀的樣式，比圖形或球形更有幸運之氣。盆栽的形狀也一樣，總之，細長之物，乃基本格局。

贈禮時，記得在包裝紙上繫上緞帶，儘量留長一點，不可剪得太短。

裝飾品，以民俗風味濃厚的風箏，或多采多姿佈置厨房，都是上好東西。

信用星

幸運格局

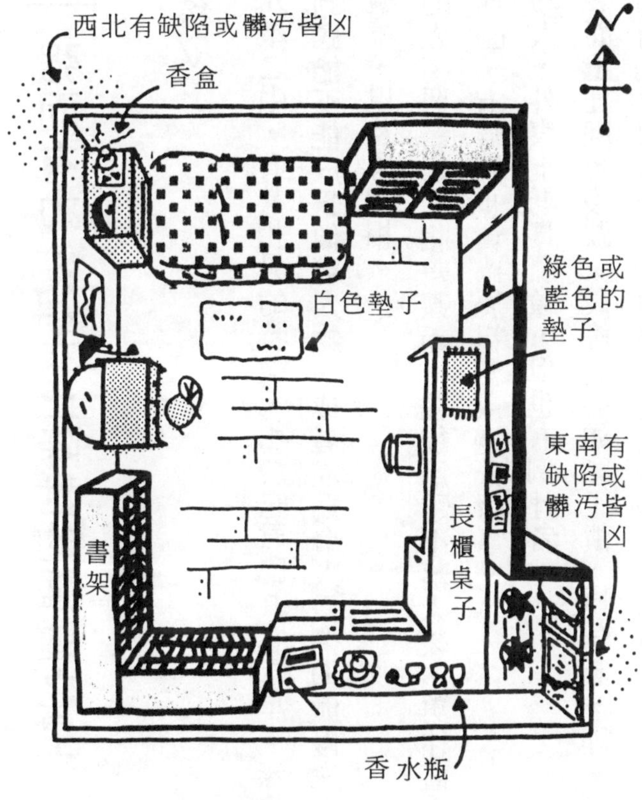

高爾夫球或滑雪用具，寧可用來擺飾房間，切勿閒置不用。

溫和清新，人格高尚

中央星 强而有力，如女王降世的强運之星

＜基本的性格＞

中央星居九星之中，有其相異的特徵，由於它君臨其它八星，無論男或女皆是「強運」。但到底能不能成爲領導人物，或者成爲令人畏懼的傲慢之人，決定於教育環境和家庭環境，以及房間相。

這種格局的人，運勢好壞相差甚鉅，往往爲了不落人後，勇往直衝。但這表示旺盛的好勝心而已，有時候也會過於粗暴或過分行事。

這種格局的人，外表上老實溫順，但也有例外者。

譬如，它表面上什麼也沒做，最後却能如願了償。換句話，即使直接不發號施令，亦能使周圍的人信服，因爲它總是間接下命令，不露聲音。

但這種格局的人，往往受人重託或不善於拒絕，爲了他人背負責任，寧可吃虧

，服務社會，好在強運過人，才化解災厄。

〈趨吉避凶的方位〉

無凶方位，注意上下方

最令人不可思議的是，中央星竟沒有象徵方位。譬如，北斗星的最弱方位是南或北方；太地星的弱點是西南和東北方位，唯獨中央星沒有弱點方位。

那是指強運之人而言，但「上下」却是弱方。譬如，住在高樓大廈的人，是上樓好，或者下樓好，中央星格局的人不得不謹愼選擇。

上樓下樓的好壞，一定得和家相方位配合，絕非一概而言，但「上下」的作用的確應效。

尤其是自己的星運走至中央，即1995年、2004年、2013年、2022年、2031年，最好避免遷居高樓，因爲，這年易遭凶煞。

這幾年惡運帶來的疾病是背骨酸痛、暈眩、精神不安、血壓升高、身體欠安、運勢大起大落，偶發事件頻繁，不得安寧。

剛才提到的凶年，要注意上下電梯安全。因此，在升降梯中若發現垃圾，不妨撿起來，多做清掃可趨吉避凶。

＜開運色彩、素材、花樣、形狀、幸運品＞

土黃色、茶褐色屬吉。正方形以外皆幸運品

●開運色彩

中央星的基本色，是黃色、土黃色、茶褐色，指四季的變化。如果想發揮正義感，判斷力的思考，可用紅色系列或紫色擺飾。

慌張、與人對立或無法忍受他人缺點

時，可用白色、灰色、銀色，紓解過剩的氣焰，抵消中央星之「毒」。

●素材、花樣、形狀

基本上，任何素材均可，麻、綿等天然素材更佳。

最能給中央星帶來幸運的花樣是，平滑而沒有花紋的東西，遠外看是織色細緻花樣。

形狀是圓形、八角形、六角形、不定形皆吉。

●幸運品

中央星是活力之星。它的吸取力與排斥力比別人強一部，寧可說，這種格局的人，善於打掃與整理工作。

譬如，吸塵器、掃把、畚斗、刷子等清掃用品。或者，浴巾、手帕、牙刷、杯子、洗臉盆、洗髮精等，並保持身體清潔，都是幸運之物。

住平房的人，因無上下樓梯，所以沒吉凶問題。相對來說，西、南、西北都是吉方位。稍差一點是北、東、東南方位，西南與東北方位平平。由於中央星沒有絕對不好的方位，但應常保持北、東、東南方位的清潔。

這方位若不潔、髒亂，生活易不正常、不快樂。

對中央星格局的人來說，常保清潔，整理有序，比任何東西都更能獲致幸運。

中央星

幸運格局

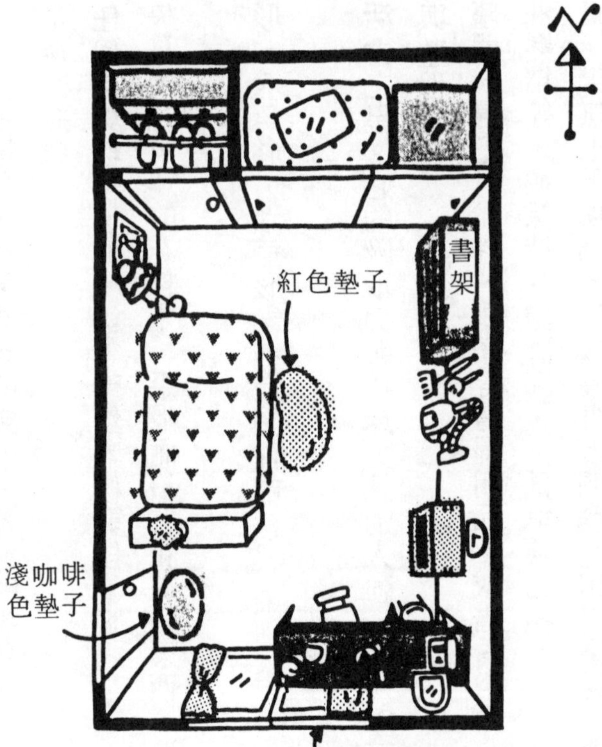

清潔常開運

天高星　天才熠熠，寬宏大量的高貴之星

＜基本的性格＞

天高星，猶如一國之君，公司老板、學校校長一樣，顯現自豪的高貴之星。因此，或許給人一種高高在上的感覺。

但是，這種格局的人，寬宏大量，絕不亂挑毛病。對部屬或後輩們極其寬待和藹，指導能力超群出衆。

另外，它也不喜歡勾心鬭角，嫉惡如仇。然而因競爭心不強烈，穩重自居。

這種格局的人，頭腦好，是個典型人物。不只在校成績優異，直感與觀察敏銳，頗有先見之明的優勢本質。

對自己而言，他往往比別人更早看出事物的本質，可以說是天才型人物。

在散步途中，突然異想天開，便能解決難關，大有發現，或者某天馬上成爲有

名的人，這種天才型的人，感覺十分敏銳，很早即能頭角崢嶸。

以人和爲貴。協調性相當好的你，一定帶來好運。

健康方面要注意，神經疾病，或下半身病痛；尤其，謹防交通事故的發生。

〈趨吉避凶的方位〉

東南與西北方位皆凶。西北方位若髒污，易患疾病、駕駛紛爭

高懸於宇宙之中是天高星的特質，因此，對於謠言，好管閒事，庸俗的人際關係，最感到不可耐煩。對天高星格局的人來說，最大弱點在於象徵人際關係的東南方位。

這種格局的人出手大方，淡薄金錢，所謂錢財生不帶來死不帶去，它往往小錢不缺，却失去賺大錢的好機

會。因此，對天高星格局的人來說，象徵財運的西北方位，是凶方位。

另外，對天高星而言，東南方位的缺陷，表現在婚姻上。想結婚的人。要特別留心注意。不想結婚，想過單身生活的人，應保持良好的人際關係。

對你來說，西北方位較差，易生疾病或發生交通事故。爲了防止這些意外事故，西北方位和東南方位絕不能有所缺陷、髒污。

另外，東南或西北方位若有向外凸出的窗戶，則可避凶轉吉。天高星的吉方位是西或北方位。

〈開運色彩、素材、花樣、形狀、幸運品〉

銀色、白色屬吉。圓鏡子開新運

●開運色彩

天高星的基本色，銀色和白色，它比任何顏色更能使人連想到浩瀚的宇宙銀河世界。不銹鋼和硬鋁等金屬色，最能給天高星帶來幸運。

這種格局的人，站在飛機、汽車、電鍍物前照相的話，會有意想不到的好運道。

想提高士氣時，可用黃色、茶褐色、咖啡色系列來增加氣勢。再加上透明度搭配，更能增添神秘而高貴的氣氛。

●素材、花樣、形狀

對天高星格局的人來說，鏡子或透明玻璃之類的東西比金屬光澤的東西，更能全面反射，帶來好運。

表面平滑的塑膠品，都比凹凸不平的東西來得好。

形狀仍以圓形、球形為佳。尺寸愈大愈好。譬如，白色大桌布比人數較少的餐巾，更能獲致幸運垂青。

●幸運品

天高星能與神明相通，三種神器之一的圓鏡，即是象徵的幸運之物。假如沒有圓鏡的話，橢圓形或四角形亦可，再則，正方形也比長形為吉。

天高星

幸運格局

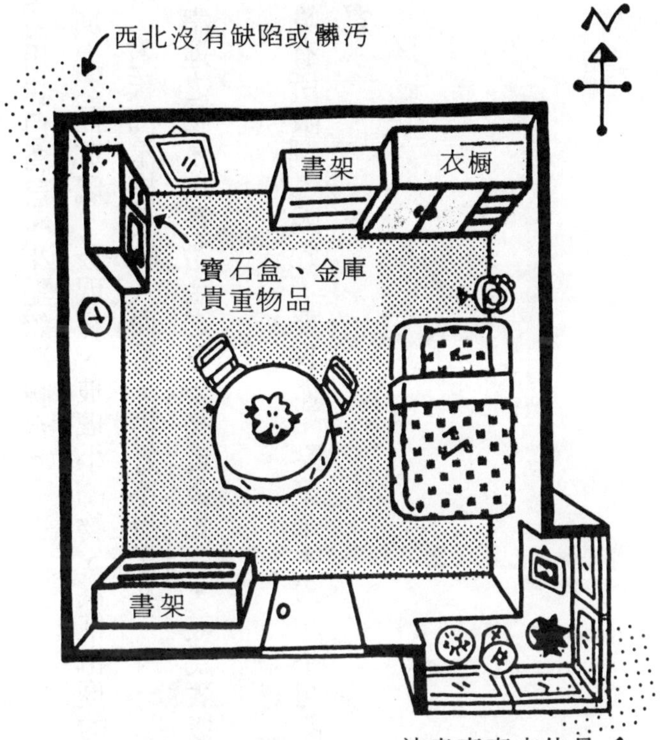
注意東南方位是
否缺陷或髒汚

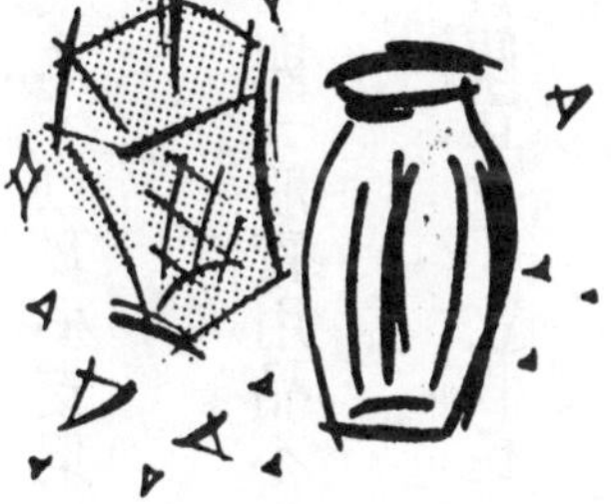

高格調，精神舒爽

座鐘、鬧鐘、手錶等這些都是吉物。最好也來個寶石，金庫更好。

另外，也可用白色香皂，來點綴洗臉台。

然後，若加上水晶玻璃、玻璃杯、玻璃小飾物、高精密度的東西，以及小支架燈狀做爲擺飾，對天高星格局的人而言，再好不過了。

天高星的幸運之物，總是帶金之氣（高貴金物），較爲奢侈，與一般實用品不同。

但這種預算有所限制。因此，要貫徹一點豪華主義，不可亂買便宜貨。立個長期計劃慢慢購買。

連喜星 及時行樂的喜悅之星

〈基本的性格〉

連喜星乃歡喜相連之意。總之，性情開朗，及時行樂之人較多之故。

這種格局的人，注意會場氣氛，有帶動他人歡樂的本領。

不但企劃力很強，以自己爲中心，好熱鬧，總之，氣氛暗淡，就顯得無精打采。

大概基於這種原因，以致花錢如水，明明有大錢可存，但因缺乏計畫性，中途放棄。因此，用信用卡購物，最好少用爲妙，以免入不敷出。

這種格局的人，及時行樂，辯才無礙。但應克制一下，以免惹事生非。

這種格局的人，熱愛羅曼蒂克的愛情氣氛，而且專心致志，人生經驗豐富。愛漂亮，喜歡旅行，感受性比一般人敏銳。

而且懂得享受人生，擁有很強的工作能力，從另一方面來說較懂得人生品味。健康方面，應多加注意腸胃病、疲倦、感冒等症狀。

〈趨吉避凶的方位〉

東、西方位皆凶。注意西方位是否缺陷、髒汚。夕照過强易起怠惰之心

對享受人生的連喜星格局的人，最大弱點，在於做事缺乏考慮，行動草率。左右這弱點的是，東與西方位。

譬如，廚房朝西受照過強時，生鮮食品較易變壞，垃圾易生蚊蟲。假如這位置難以改變的話，將冰箱移往他處。

朝西方位若置放腐物或髒汚東西，非常不好，如果每天的餿水和垃圾，剛好趕不上收集日時，將它放在陽台，儘量不要超過兩天。

這樣做的話，就能將凶運降低到最小限度，同時語出傷人的情形，也會減少。

另外，廚房以外，儘量不要受夕陽照射。應多加利用窗簾、百葉窗來調節日光。因為，夕陽照射太強時，容易使人生倦怠之心。

東方方位若有缺陷或髒污，較易行動輕率，失之穩重，往往失去適時的判斷力。東南、南、西北、東北，都是吉方位。

＜開運色彩、素材、花樣、形狀、幸運品＞

橘色、紅色屬吉。大花樣的閒暇用品皆開運

●開運色彩

連喜星的基本色是，橘色、紅色、粉紅色等，給人印象如耀眼的夕照。

如果您不只享受人生，想透過學習新事物，增長見聞；或參加任何資格考試時，可用黃色、紅色、茶褐色、淺咖啡色來造運勢，這些顏色都代表幸運色彩。

另外，參加酒會或休閒活動，黑色可襯托出來。食器類似玻璃製品皆可。

●素材、花樣、形狀

運喜星

幸運格局

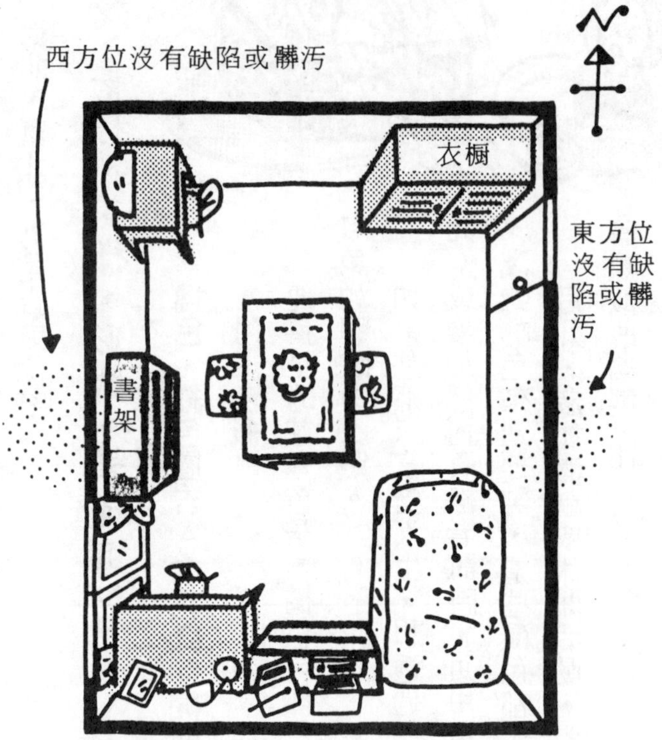

少女情趣，到處飄香

素材的話，當然不侷限於天然素材或化學纖維，任何素材都行。

花樣，以可愛溫馨優先考慮。而且應以明顯亮麗的花樣，較能展現連喜星格局的人的魅力。

形狀，以花瓶、盆子，等器皿較佳。

●幸運品

糖果盒、小罐子都是幸運之物。

鮮花最好不要帶有根鬚，插在水瓶供養。但每天須換水，否則水質變壞，不如不插爲妙。因爲舊水，易招凶意。

金庫、服飾用品都是幸運之物，手飾之類的東西，最好擺在房間以招吉意。

滑雪、高爾夫、網球用具等休閒娛樂也一樣，最好把化妝品或香水瓶，擺在鏡前，即有裝飾之用，又招吉運。

沙發對您而言，是強有力的幸運物，爲了增強吉意，請護加一層花樣椅套。

床單、枕頭套、熱水瓶、拖鞋、墊子等，花樣和形式最好統一起來。

城土星　意志堅定，人生多彩的穩健之星

＜基本的性格＞

城土星，如字面意義，即建立在高台之上，受人敬仰的城堡；屬「土」的城土星，不同於田地之土，而是堆積起來的高土。

這種格局的人，意志堅決，冷靜沉著，不受他人意見左右，決定之事從不通融……常常遭致他人中傷。

它給人的印象是，溫柔、沉默、不喜交際、節儉之人。

另外，這種格局的人，猶如從冬天到春天的變化，又叫變化之星，一生多變，吉凶禍福難定。

雖然，城土星性格的人，行動謹愼，心堅意決，但有時也會優柔寡斷。它非常熱愛家庭生活，在愛情上表現並不理想。

城土星格局的人，很容易受他人理解與接受。

健康方面，應注意關節、虛弱、腰痛等症狀。

〈趨吉避凶的方位〉

東北或西南皆凶。這兩方位太凸出的話易遭婚變

對屬「土」的城土星而言，應注意的方位是，東北或西南兩方位。自古以來，東北方位稱做鬼門，由此入侵，爲了不讓凶煞起作用，這方位應小心防範。

另外，還要特別注意的是，這兩方位的地方絕不能過於凸出或缺陷，否則易遭惡運。

譬如，內定的工作被取消，旅行計劃泡湯了，解除婚約，予約之事未能成行等等，都是惡運之兆。

西南方位又叫「妻子座」，已未婚女性或者同居中的女性，須格外小心。這方位的宅相若過於凸出，將導致立場過於強硬，破壞男女之間的和諧感。

譬如，不知不覺中，冒出一句：「我怎會輸給男人」，結果使男人顏臉盡失，

，這表示西南方位的凸出。這時應以一對一的平等相處最爲妥當。

因此，不管是東北或西南方位，絕不能缺陷或過於凸出；兩方位若有出入口，或者窗戶要警戒在心。一則可用書架或衣櫥，阻斷凶氣從東北的鬼門到西南方位的流通。東、東南、西北，都是吉方位。

〈開運色彩、素材、花樣、形狀、幸運品〉

●開運色彩

對建築在高地之上的城土星而言，它的幸運色是，茶褐色、咖啡色、白色、黃色、紅磚色等。

此外，以白色做格局佈置，可消除固執己見，坦承錯誤，與人協調合作。以紅色或紫色，可增強穿山貫石之決心。

●素材、花樣、形狀

素材上，以嚴實的，重量感的東西最好，譬如，陶器類等，磁磚或磚石亦可充份利用。

花樣，以無花紋或全花紋，凹凸分明的東西較好；總之有立體感的東西。

●幸運品

以幸運品而來，流動又富於立體感的東西，比海報、框形圖繪來得好，同樣是裝飾桌子，水壺或花瓶，有重量感的東西，比桌巾餐墊更能帶來幸運。

選擇穩固牢靠的家具、衣櫥、書架、辦公桌等存在感的東西，比那些簡單折疊式的用具，更適合這種格局的擺設。

譬如，方木盒、套匣、縫紉機的小抽屜、寶石盒等。布料的話，以厚重織紋爲宜。

城土星

幸運格局

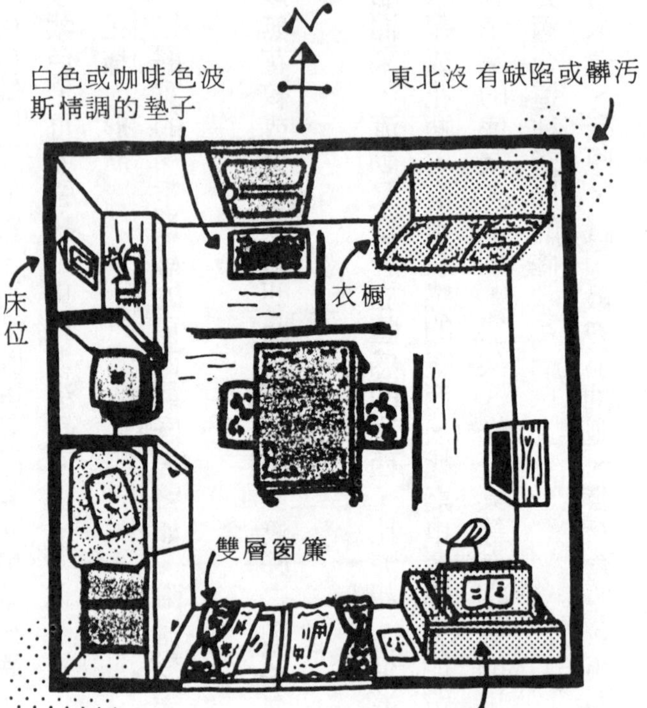

重質不重量的風格

窗簾，以折褶厚重較好。或者以花邊或厚重窗簾的雙重垂掛，乃格局開運法。

形狀，以四方形勝似圓形，請仔細選擇。

電視機，仍以大型畫面的機種，較能吉運亨通。

楊貴星 充滿美的感覺，猶如楊貴妃的才色兼備之星

〈基本的性格〉

楊貴星，猶如楊貴妃才氣煥發，頭腦機靈，積極性，行動力，充滿「陽」之氣。這種格局的人，外交手腕靈活，遇不悅之事可藏之內心。所謂「陽極陰，陰極陽」，好像月有陰晴圓缺一樣，一年結束，一年又始，表裏一致的人。

這種格局的人，因充滿「陽」之氣，又內藏於「陰」，以致常常情緒大變，改弦易張，隨對方的態度而改變，就是這種分離作用的緣故。

另外，它也較爲氣短，屬速戰速決類型的人。

楊貴星，相當於人的頭部。因此，這種格局的人，大多是學者，研究家居多。女性而言，眼睛非常漂亮，閃閃發光，但身體虛弱，中暑癱瘓也是特徵之一。

楊貴星格局的人，有豐富的藝術感覺，擁有天才性的審美眼光。但是就是缺乏恆心毅力，乃此星最大弱點。對此格局的人而言，克服此點是最大課題。

＜趨吉避凶的方位＞

南或北方位皆凶。北方位凸陷有礙健康

楊貴星最弱的方位是，南和北兩方位。本來，南指精神和腦力活動，北指健康狀態。南方位一旦有缺陷，或者柱木傷損的話，讀書和工作易生事端，而且好壞差距甚大。因此，即不能發揮潛在的才能。

另外，此種格局的人，精神狀態變化很大，有時候，會判若兩人。但是，楊貴星是非分明，知道這一特性，相處或許會比較融洽。

但是，房間北側一旦有缺陷或髒汚的話，非常不好。本來，北方位即楊貴星的致命傷，如此一來，比別人更易遭致凶煞。

主司健康的北方位，對楊貴星格局的人而言，心靈比身體更容易受傷害，一旦陷入憂鬱之境，很難擺脫出來，明知苦中處，却爲之所困。

可以遷居的話最好，不行的話，常保南、北方位清潔，擦洗玻璃，別打開窗戶置之不管。另外，亦可用小碟盛鹽，驅除不祥，清淨弱點方位。東南、東北、西方位都是吉方位。

〈開運色彩、素材、花樣、形狀、幸運品〉

紅紫皆吉。幾何圖形開運

●開運色彩

楊貴星的基本色是，紅色和紫色。紫色又稱做古代紫，歷代以來，它與日本人的生活格局息息相關。與雜色無緣。

紅色，又叫中國紅，代表富貴。

情緒不穩定時，黃色和茶褐色具有安定作用。想氣氛熱鬧，獲取名譽時，以綠色或藍色系列。

●素材、花樣、形狀

素材，以發色良好的合成纖維爲佳，天然素材亦可。花樣，以花邊，讓人有間隙感，是楊貴星招吉之一。

另外，明顯華麗是此星特點。

形狀，抽象的幾何圖形，比三角形或圓形，更能呼吉招福。

●幸運品

對楊貴星格局的人而言。抽象畫比印象派的作品，更能招喚吉運，同樣的，特殊的幾何圖形，也比三角形或圓形更合吉意。

照明器具，以流線形的樣式居住。

屬「火」的楊貴星，貼上「火氣十足」的海報或月曆，效果良好。

乾燥花、紙花、人造花等，很能點綴出楊貴星的華麗。

另外，亦可將乾燥花或紙花，擺飾在厠所、浴室、玄關、厨房等地方。

暖氣機，（機體紅色屬吉），太陽眼鏡、手冊、烤箱、寶石盒，都能帶給你好運。

楊貴星

幸運格局

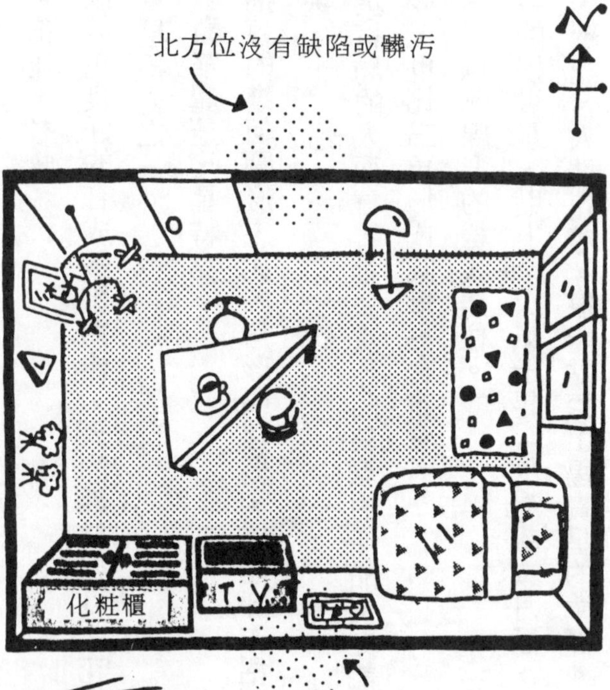
南方位沒有缺陷或髒污

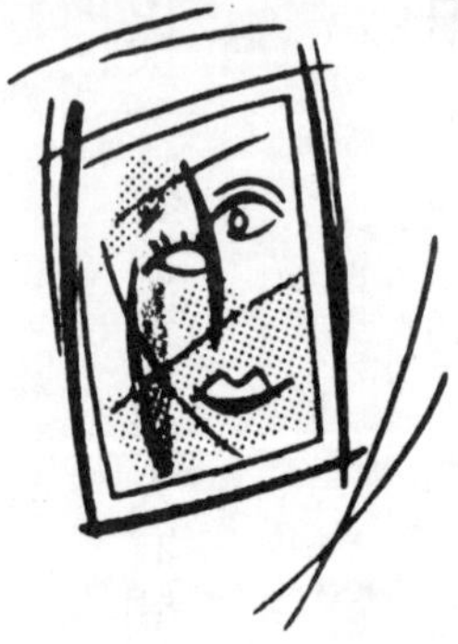

佈置一個明朗性格的房間

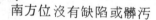

關於玩偶的擺飾

大部份的人，喜歡以美麗富有風情的玩偶，來裝飾自己的房間。

但是，要注意的是是否擺飾的問題。據說，玩偶的神情酷似人，加上人的情念，變成宿魂。

譬如說，心地慈悲沒有邪念的人，做出來的玩偶，表情自然和藹動人。

總之，持有人和匠人的感情，都能移入玩偶之中。趣味的話，還可以，但不可隨意購買玩偶。有的人，買了玩偶之後，丟棄不用。但玩偶的悲怨會影響您的運勢。

如果您有不要的玩偶，切勿丟棄，把它供養在寺廟。

第三章　生活中的幸運品

——家具和格局小東西行大運

家具和格局小的東西也有五行之「氣」

前一章，我們已經介紹過九星格局了。

總之，對你來說，身處吉屋之中，不僅使你消除精神壓力，心神平安，充滿活力，還能趨吉避凶。

吉屋的主角，當然是指家具或小東西等幸運品。譬如，音響設備、賞葉植物、海報、月曆，舉凡這些都有五行之氣（金、木、水、火、土），各自象徵方位與意義。

譬如，鏡子屬金，象徵西北方位。這又指完全的人格，受人尊敬……，音響設備，象徵東方，它能給自己的人生，充滿幹勁與積極性。

知道了家具或小東西所象徵的方位與「氣」，然後找出九星格局中，與自己「氣」味相投的家飾，做一番調整（關於五行的相互關係參照二九頁），重新確定自己格局的象徵方位，如何趨吉避凶是本書所要強調的內容。

尤其是現在，您若有夙願的話，就把那些家飾找來，佈置在您的房間。

譬如，您想成爲積極的人，可把音響設備擺在房間的東方位。

廚房用品，象徵友情與戀愛，如果您想成爲戀愛的勝利者，或結交新友，可把這些用品變成房間格局的一部份。

廚房用品和服飾用品種類繁多，呼喚吉運各有特定對象。

選擇適合自己的東西，放在九星格局中及吉方位上。（參照四六頁至九四頁）。

自備磁鐵調向，夢想成眞。

太地星、中央星、城土星的人，把衣櫥擺在東北方位

衣櫥

衣類飽含空氣，是理想的保氣物。衣櫥裏，若能放毛線衣這類過冬衣物，對其他星而言都是必要的，因爲它本身帶有「土」之氣。

同樣的，屬「土」的**太地星、中央星、城土星**來說，有很大影響力，把衣櫥擺在東北方，更能發揮效力。或者置於西南方位亦可。

屬土的太地星、中央星、城土星，如果能和帶「土」的衣櫥，和代表土方位的東北和西南向，結合起來相互影響，一定如磁鐵般堅固。

一般而言，東北向又稱鬼門，鬼氣由此入侵，東北向乃一天之中陽光最弱的方位。季節上來說，相當於嚴寒的二三月，這時期吹刮的風又叫鬼風。由於受東北方位惡劣之「氣」的影響，二三月死人較多。

因此，只要在這妖鬼入侵的方位上，堵上大型衣櫥的話，即能避魔。衣櫥上層

若有空間，可置放些乾燥劑或防蟲劑。

如果，東北向有玄關或厨房的話，不能擺衣橱，可置於西南方位。西南方位若有窗戶，儘量不要遮住日照光線。

東北向，向來空氣潮濕，尤其是冬季或梅雨季，應保持空氣乾淨，可用除濕劑，或者電扇調節空氣。

家具放在這方位，無形中會增多起來，成爲「富人」。

這方位是加強不動產和物質運勢，而且衣橱本身又是大型家具，效果大具有持續性。

清潔與通風，謹記在心。

置機於南向改變女強人運勢

桌子

桌子的材質和樣式很多，但以開運格局的基本而言，「氣」也各不相同。

譬如，高大的桌子屬土，木製屬木；大理石或玻璃屬金；磁磚、陶製品屬土等等。

但最近人們時尚色彩，使用塑膠素材的東西，如果是以彩色感的東西，大都能以色彩判斷「氣」的存在。譬如，紅色屬火，黑、灰屬水，茶褐色屬土，綠、藍色屬木，淡白色屬金。

您的桌子，到底受什麼樣的「氣」左右，擺置方位與效果，在這裏，我舉例一些幸運共通的方法。

首先，人們使用桌子或書桌，形狀雖屬「土」，仍以知識的用途居多。

因此，想埋頭鑽研學問者，或想激發工作幹勁，可將桌子置於南方位，自然會提高效率。

在公司裏，女同事經常受到有意無意的性騷擾、性格差別，這時可將辦公桌擺在西南向，這位置可鞏固女性的地位。

另外，想早日結良緣，追求戀人，可將桌子置於東南向，可能的話時間待久一點。

東南方位，表示祝願有成，受人肯定和尊敬，同時，一分耕耘一分收穫。

墊子

墊子呼吉又招凶，使用上請注意

木板床在清掃時十分方便，頗受歡迎。但公寓或集合住宅的話，則易傳出聲音，影響別人安寧，對喜歡脫鞋的日本人而言，恐怕是一件美中不足的事。所以選擇墊子和地毯不得不愼重。以色彩或花樣而言，豐富多變，但配合房間的氣氛却欠缺不得。

以開運格局來看，它是充滿強力的幸運之物，同時呼吉又招凶，每天記得清掃，忽視不得。

墊子和地毯，最容易吸收濕氣，因此凶煞由此入侵，在整個格局之中，這是很重要的因素。

儘可能不要整個房間都貼滿地毯，不得已的話，選較短的，好清掃。

若要將墊子舖在東北方位，部分舖貼即可。放晴時，拿出來曬，吸收陽光。舖

在北或東北向的墊子，可以說是，避凶多於招吉。

西或西北方位，都表示強氣活力。把墊子鋪在西方位，協調性高，加強團體精神，出現貴人相助，而且常常化敵爲友。

鋪在西北方位，感情愈來愈融洽，並受年長異性的垂青。

鋪在房間出入口的墊子，較易吸收魔氣，而且長毛的地毯比較容易髒污，每天應裏裏外外，彈打一下，保持清潔。

置之東向戰年氣旺，置之西南避凶魔

照明器具

照明器具，有很多禁忌與作用。

譬如，溫馨感人的床頭燈，或者餐桌燈、料理燈等，它們都有各自的用途與特色。

以下，就為您說明桌燈、床頭燈、氣氛照明等事宜。

首先，桌燈若擺在左前方的話，有利眼睛，要是屬於南方位更好。

氣氛照明或壁燈，若擺設在東或東南向，則戰鬥氣旺，置之西南或東北方位，亦可避凶魔。

如果，您感到遭人嫉恨，都會由這方位幫您排除困難。

地板燈，主要是間接照明，只要稍稍渲染，置之東南方位，自能帶來幸運之情報，也適合於旅行。

。

或者更有可能傳來他的求婚宣言

儘量的話，把手電筒和電池分開來，置之南方位，以便停電時使用。

楊貴星、龍氣星、信用星、太地星、中央星、城土星的人，比較能夠透過照明器具，獲得幸運的垂青，請多加配備。

西北方位最能發揮鏡子的神秘之力

鏡子、梳粧台

古代按人魂製作圓鏡，奉爲神器。鏡子即照人類，又映魂魄，在各種格局物中，是最具浪漫與神秘的東西。因此，鏡子的擺設方法，得花費心思。梳妝台與鏡台都一樣。

象徵著完美無缺，精神強韌，支配鏡子之「氣」的是金。從方位來說，相當於西北方位。鏡子吉相的基本形狀是一圓形或四角形。當然，以平滑光亮最佳。

對女性而言，鏡子是不可缺少的東西，給予影響最大的是**天高星**、次之**連喜星**；然後是**太地星**、**中央星**、**北斗星**。擺設鏡子，決定了吉凶與運勢。

最好是把帶「金」的鏡子置於西北方位。但是由於格局和光線較爲暗淡，擺在窗旁，剛好是最適當的西北方位。

如果，西北方位未能受照的話，可在西北向的地方，擺上小鏡子。

龍氣星和**信用星**的人，不能把鏡子掛在西方位，因爲朝陽反射，會增強反射光，以表示西之金，刺激表示東之木，容易造成神經疲勞。

同樣的，屬木的龍氣星、信用星，與帶金的鏡子相尅，儘可能的話，避開足以照見全身的鏡子。

楊貴星，以小鏡子較能得運，但不可把鏡子掛在正南方。

鏡子的吉效果，主要表現出，圓滿和高貴的氣勢。希望，在進入二十一世紀之前，每個人都能奮發向前。

友情深固，戀愛有成，廚房用品多準備

廚房用品

廚房用品種類繁多，儘管一個一個把它分成五行，仍不具實效性，對九星而言，任何東西都能帶來幸運，因此，須訂下計畫慢慢購買。

●**北斗星** 玻璃食器、小花瓶、咖啡機、酒瓶、開罐器、密閉容器。

●**太地星** 平底食器、碗、樸素的東西。

●**龍氣星** 竹籠、竹筷子、牙籤、骨董品不可、烤箱、微波爐等電器製品。

●**信用星** 漆器類等木製品，便宜貨不可。歐洲風味的精緻品、薄容器、筷子。

●**中央星** 豪華的客用食器和樸素的食器兼備。

●**天高星** 如有田燒、清水燒之類的陶磁。白磁、青磁之類有氣品的東西。塑膠類亦可。

●**連喜星**　杯子和盤子、茶托之類的東西。裝飾性的陶磁器、調理用品。

●**城土星**　鍋子和密閉容器。有民俗風味的手工藝品。研缽。

●**楊貴星**　王朝風味的裝飾畫或模樣。糖果盒、容器、圓形或球形。

請把廚房用品擺在吉方位，發揮它的效果。如果您收到睽違已久的友人來信，那表示友誼與戀愛將有所成。

楊貴星、太地星、中央星、城土星的人必備的幸運品

書架

你的書架上，擺些什麼書呢？是自然科學類，或哲學、宗教類？還是堆積如山的雜誌呢？

暢銷小說也好，雜誌也罷，反正書籍都象徵著「知識」。書架有木製的、鐵製的，但都受「土」所制約著，總之，書架是「火」與「土」的集合體。

對屬「火」的**楊貴星**，和屬「土」的**太地星**、**中央星**、**城土星**而言，書架是幸運的家具之一，不拘大小，它是格局中的必備品。

至於擺設的方式，因書架屬「土」，如能置於東北向與衣櫥緊鄰最爲妥當。實在放不下的話，擺在西南方位也不錯。如果是矮小書架，儘量擺在西南方位。

對楊貴星、太地星、中央星、城土星而言，書架擺在東北或西南向的話，有充實感，信念堅定，慢慢具有適時的判斷力。

對屬「木」的龍氣星、信用星而言，書架更能使它的人生積極向上，激發好奇心，是活力的來源。

對屬「金」的連喜星、天高星而言，苦少功多，並能幸運地分享他人的成果，而且十分豐富。

對北斗星而言，書架是木製的話，增強好奇心，鐵、鋼管之類的金屬材料的話，則會有意料之外的幸運，譬如，您與朋友相偕參觀模特兒秀，說不定會被選上等等。

哪一顆星都一樣，書架擺在東北或西南方位最佳。

音響設備擺在東方位充實氣力

音響設備

您大概有這樣的經驗，一首懷念老歌使您淚流滿面，一曲熱門音樂使您熱血沸騰。

什麼樣的歌曲，感動什麼樣的人，有人因它低頭沉思，有人因它倍生勇氣。音樂和電波都屬於「木」，因此，音響、錄音機、隨身聽、分離式喇叭，這種能發出聲響的製品，以方位來說，相當於東方位。

以擺設音響設備的話，東方位最為恰當。

很多人喜歡吉他、喇叭、鋼琴這類樂器，從發聲的意義上來說，還是東方位最好。東方位實在騰不出空間的話，擺在東北或稍稍偏東南向亦可。但大型音響設備，最好放在東北向附近。

以樂器擺飾來看，西方位亦能帶來幸運。樂器置於此更增添彈奏氣氛。

隨身聽這類東西因爲是外出攜帶用的，手提的音響，最好放在偏東南向。

音響製品若擺設得當，不但會使人振奮、充滿信心，這些完全是幸運品之「氣」，帶給您的。

提不起幹勁的人，慵懶的朋友，請您一定要把音響設備放在吉方位上，受益無窮。

電視機置於南向，入選得獎不是夢

電視、打字機、電腦

電氣製品很多只侷限於「聽」，但電視、錄影機、電腦、螢幕打字機等主要是「看」。東方位掌「聲音」，南方位司「畫像」，當然，音響與電氣製品的擺設方位，自然不同。

如果因爲南方位，剛好是玄關或厨房，不能擺設的話，可稍稍偏西南或東南置放。與此無關的東西，儘量不要放在東南方位。

像螢幕打字機，這種機器，挪到西南方位。書桌就擺在南方位，其他一些組合式的機器擺在西南方位亦可。

電視機置於南方位，你若參加試唱會、競賽，往往會給你好運，同時有貴人扶助。

不只是ＯＡ機器而已，個人電腦，螢幕打字機，已經是這個時代不可或缺的幫手之一了。L型組合式，或者套匣式、操作簡單的機器等等，各式各樣，應有盡有，您何不挑選看看呢？

以使用用途選購電話機

電話

從前，人與人之間，或者談情說愛，全靠書信幫忙，但現在充當這個角色的是電話。一通電話，你來我往，戀情初始。

電話和音響一樣，也是象徵電波和聲音的東西，以方位來說，相當於東方位。自古以來，中國五行學說中，所提到的與現代文明的器具，是相吻合的。

電話最好放在東方位，實在不能放在正東向的話，東方位四十五度以內的範圍亦可。

若是要與情人連繫，愛情有成的話，可將電話放在東南向。

如果經常要與家人連絡感情，四角形咖啡色或粉紅色的電話機最佳。

工作與事業心較強的人，可用圓形或圓角的電話機，白色或淺咖啡色會增加工作運氣。

與友人聊天，或消除精神壓力，可選用粉紅色、紅色、橘色等暖色調的色彩。

電話機樣式的選擇，以及附屬機件，往往影響著自己的人際關係，和消除精神壓力。

另外，如您想保障私人秘密，安裝兩支電話時，可選用附帶音量調節機能，黑色或藍色的電話機，一定能爲您保守秘密。

發揮積極、信用卓越，西北向準沒錯

鐘錶

以壁鐘而言，最好與牆壁顏色相稱，樸素與時髦的樣式也一樣，鬧鐘的話，以電子音的塑膠製品爲佳。鐘錶已成爲幸運格局中不可缺少的東西了。

當我們看見座鐘時，給人一種沉重的印象，以五行思想而論，鐘錶乃象徵西北之金。

以人譬喻的話，西北之金，相當於父親之座，表示大型機器，規律性擺動、穩固之類的東西，隨著時代變遷，鐘錶儘管樣式多變，仍屬於西北之金。

因此，不管是手錶、壁鐘、鬧鐘、座鐘，最好能置於西北方位。這方位屬吉，它能給人信心，工作減少錯失，處事果決，身體平安，具有時間觀念。

當然，這不只限於本身，和您相約的人也會遵守時間，所以擺二、三個手錶於西北向也無妨。

在牆壁上掛鐘時，儘量不要損傷柱子與壁面。它如人一樣，柱子是骨格，壁面是皮膚，傷之不得。必要情形下，再使用螺絲釘。

鬧鐘和音響設備一樣，同屬於「木」，東方位最佳位置。一般來說，是置於西北向，但單單鬧鈴聲而已，置之東方位亦無妨。

鐘錶是幸運很強的東西，不只是實用性，請您選購些感覺良好的鐘錶。

西北向好運道

海報、日曆、圖畫、相片

說到海報或日曆。這類裝飾品能爲您開運，您一定感到意外吧。然而，只要這些帶「氣」的東西，貼對方位，便能爲您開運招福，千萬別小看它，貼上吉方位準沒錯。

海報、日曆、圖畫、相片的基本方位是西北向。進一步說，帶有光澤的紙張，與鏡子一樣，同屬於「金」，以方位來說，相當於西北方位。

何謂西北向，相當於父親之座，代表強韌的精神，完美，神的保護。有光澤的東西，和海報，日曆貼在這方位上，大難小難皆無，父子皆平安。

如果牆上貼的是您喜歡的影歌星相片，他們也會與您心有靈犀之通。

東方位象徵著好奇心和幹勁，因此，您夢想的去處或漂亮的風景照，都可貼在這位置，說不定那天夢想成行。

有數字式的或者有光澤的東西，貼在西南方位最好，這樣能使自己盡善職責，具有責任感。

幸運方位有西北、東、西南向之外，南方位也不錯。南方位表示「知識」，貼在這裏，工作和讀書都會有所進展。

眾星拱向吉方位

服飾用品

服飾用品，並非生活中的必需品，但它的美麗、巧意，使人格外的喜悅與快樂。我們不談價值千百萬元的寶石，只想以一般人買得起的服飾用品，做爲購置的前提。

服飾用品屬於「火」，**楊貴星**的人，特別喜歡它。

本來，服飾用品不算是格局中的幸運物，由於五行的關係，才屬於各星中的幸運物。自己屬於什麼格局，哪個位置才是吉方位，置於房間才能開運，這些都得仔細堪察一下。

我們在第二章已經提到過「色彩、素材、花樣、形狀」了，您可自由選擇。

以下是對各星購買寶石的建言。

● **北斗星的幸運寶石**（水）＝浮雕鑽石、眞珠貝、銀色的。

●太地星的幸運寶石（土）＝墨西哥蛋白石、金黃色的。
●龍氣星的幸運寶石（木）＝純綠寶石、翡翠。

●信用星的幸運寶石（木）＝藍寶石、阿富汗寶石。
●中央星的幸運寶石（土）＝澳洲綠寶石、貓眼石。
●天高星的幸運寶石（金）＝鑽石、白金。
●連喜星的幸運寶石（金）＝珊瑚、金黃色的。
●城土星的幸運寶石（土）＝黃青玉、琥珀、柘榴石。
●楊貴星的幸運寶石（火）＝紅寶石、紫水晶。

斷舊緣、除魔孽，置東南

香氣

幸運女神，總是降臨在清淨、明亮、馨香之處，因為，馨香之氣可驅魔。最典型的香氣，要算沉香了。『源氏物語』中，出現過焚香染衣的習慣，那樣可奪男人芳心，切斷舊姻緣，逼走魔障。

這是香氣驅魔，呼喚吉意的方法之一。

香氣代表東南之木，信用星格局的人，置香於此，增添吉意。另外，要是將檀香扇置於東南方位，又掛沉香袋，對所有的星座皆有利。

信用星適合花束之香。**龍氣星**適合香草之香。**楊貴星**適合麝香。

可是，現代人薰香的習慣已經少了，只在於特殊場合才能見到，如今人們大都改用香水做為替換，比較輕便實用。

因此，不管是廁所裏除臭的香劑，或者在洗好的衣物上灑上香水，這些不僅是

清潔作用，更具驅魔意義。

太地星、**城土星**的人，用洗髮精的清香比香水更能展現魅力。**北斗星**和**天高星**以茉莉花香或檀香，較能發展所長。

香氣的品味，因人各有不同，但願您們找到幸運品。

床

床置於正屋中易遭凶

我們一生中，大約有三分之一時間是在床上度過的，因此，床和棉被對人的身心影響之大，可想而知，通常的睡眠，「氣」總在無意識或潛意識下，發生作用。床，是三種氣的集合體；水支配著生與死，木表示覺醒，土象徵著形狀，這種影響力對所有星座是息息相關的。

床是最佔空間的家具，雖然不限定它擺在什麼方位，仍以全體空間的和諧爲優先考慮。

要是自由擺設的話，可置於衣櫥東側，一定能讓您吸收到新鮮空氣，全身舒暢。

床置於南向，頭部應朝東或東南，置於北側的話應稍稍離開牆壁，頭部朝西北向。置於西側時，頭部朝南。

不過把床置於房子正中央，即佔空間，又容易遭致凶煞，儘可能挪到吉方位上去。

北方位象徵著水氣，水支配著人的初生與結束，同時又意謂著孤獨、冷淡、虛無。

事實上，冬天時朝北睡覺，冷風灌入，從頭部、肩膀、胸腔感受最爲敏感。人們常說：「枕北不吉」，從生理上來說也是這樣。因此，沒有特殊因素的話，儘量避開有礙身心的方位。

至於頭部該朝哪個方向，效果各有不同；朝南的話，清涼；想靜心休養頭朝西；想像發條一樣充滿活力，頭朝東睡。但任何情況下，都不能將床置於出入口的旁邊，那樣容易造成身心不安。

觀葉植物

花和綠色植物，給人一種季節感和精神上的餘裕。植物吸取人類排出的二氧化碳，吐出新鮮氧氣，滋潤著人的生命。

因此，我們應該在屋中，擺些觀葉植物，辛勤地灌澆培育，將帶來意外的幸運。

觀葉植物本身散發出一種強烈之「氣」，它和居住人的「氣」相互感應。與桌子、衣櫥那些無機質的東西差別很大。因此，培育方式，和擺設方位，往往決定吉凶禍福。

具體來說，盆栽和室內植物，這類帶有土壤的植物，最好放在屬木的東南方，其次是東、南、西南方位。對植物來說，東北向雖同屬土，但日光受照困難，置之不妥。

觀葉植物中，開花又結果的種類，應擺在東南，或者南方位。像橡樹之類的純屬於觀葉的植物，應置於木氣之東，或者土氣之西南位。

花束的話，插在西北或西方位，每天一定要更換新水，保持清潔。

諸如人造花之類不需要水份的東西，擺在南方位。這方位有利人際關係的開展，頭腦靈活。

像波多斯這種植物，沒直接受日照置於北向亦無妨，但因北方較易吸取陰氣，儘可能把它移到東或東南方位。

觀葉植物置於東南向，自己的才能較能獲得發揮，倍受矚目，人氣沸騰。

置於東向，愛情順利。置於西向，生活愉悅。置於西南向，工作大展，成為強韌與寬容之人。

神龕、佛桌、香火袋——虔誠爲重

神龕的基本位置，大約是比人身高出一些抬頭可見的地方。以前人們，都把它擺在兩柱間的橫板上，不過以現在生活方式來說，這種情形很少見了。

但有的人出外旅行，或去神社參拜、許願，買個香火袋或者寄付禮品，就不足爲怪了。

有一個奇妙現象，如果您把香火袋同橡皮擦和一元硬幣放在抽屜裏，運勢將大受影響。因此，關於神佛的擺設空間，不得不多費心思。

住在公寓或大樓的人，儘可能騰出空間安裝神位；要是您找不到木櫃之類的東西，桌子也可以充當神位。

首先，您得找一塊新的乾淨木板，在上面區分聖域與俗界，然後擺上香火和供品，記得千萬別讓這些東西平摺，要豎直起來，然後呈上三個小盤子，中間盛水，右邊盛飯或洗淨的米，左邊盛鹽。記得要每天替換，飯粒不可過硬。

另外，經常有人把香火袋當做收藏品，照理說，一年以上應盡歸還，如果未能親自送往發放香火袋的神社，就近的神社亦可。神龕置放過久，神力亦會消滅。

安神龕、香火袋、供品等最好方位是，坐西北朝東南，或者坐西朝東，但不可坐南朝北。

如果，神龕和佛桌同置於一個地方，應把神龕調高，佛桌稍低，兩者之間相隔二十公分以上。

汽車——信用星和天高星要注意停車方位

汽車是現代人的生活必需品之一，停車位和買車一樣重要。要是您要選車位的話，西北方位最好，因爲西北方位象徵著現代機械，剛好吻合此義。

信用星和**天高星**，先天上較易發生交通事故，選車位不得不愼重。從趨吉避凶的角度來看，信用星應朝西南，天高星朝北或西方位。

格局、禁忌

●傷柱招凶煞

樑與柱，是整個房屋結構的重要支點，它相當於人的骨格，要是胡亂地損傷和搗毀，猶如人之於受傷。因此，非必要情況下，請使用木釘，以免傷及樑柱。

同樣的，在牆上或柱子插上圖釘或鉤釘，容易造成傷痕，拔出後，應進行修補。

●風水停滯的住宅皆凶

風水是陽宅的條件，指的是風和水，換句話，通風良好，水源清淨之家，皆謂好風水。

譬如，在武士時代，房子沒設窗戶的話，稱爲「切腹之所」，因爲自殺者，根本用不著通風或光線。但時代不同了，連一個窗戶也沒有的房子，恐怕找不到吧。有的是緊閉窗戶，空氣污濁，失之開窗之用，從此暗臭發霉，增長陰氣。

只要通風良好，什麼怒氣、悲氣統統消失得無影無踪。

住宅若通風不良，或閒置過久，容易腐毀，橫生孽氣，請您小心防範一下，盡收靈淨之氣。

水，放置過久易生腐臭，花瓶中的水，應每天早晨替換，因爲，舊水散發老氣，要是充塞整個房間，將被陰氣重重包圍。

●長鏡莫照身後影

在自己的座位後面，豎一面鏡子，整個背影全收鏡中，從格局來看，應予避免，否則容易造成精神疲勞。

有一個實驗，同在辦公室若背後坐著上司，精神壓力會比平常更爲強烈。因爲後面有一隻看不見的「眼睛」，下意識反映出緊張和警戒心，精神壓力較重。因此，儘可能不要在背後置放鏡子，以免身心受到影響。

●禁開鬼門

東北向相當於外鬼門，西南向等於內鬼門，換句話說。這兩個方位，即是鬼的通道，因此，全開的話，和招鬼入屋的意思一樣。

從房間相來看，應以高大家具或厚重的窗簾，堵住這兩個方位，趨吉避凶。

實在不能打開這兩個方位，又想調節空氣，可半開東北向，但禁止全開。

●觸犯禁忌怎麼辦

很多人因不知內外鬼門之事，常常無心觸犯禁忌，惹來一屋鬼氣。以下的應急措施，希望對您有所幫助。

首先，在乾淨的盤子上鋪上一張白紙，灑些鹽巴，然後再準備一個裝滿清水的新杯子，放在家具上或者桌椅上。

翌日，將那些東西洗乾淨，保持排水管的暢通，不要剩留鹽巴和殘水。

之後，在放杯子和鹽巴的位置上，擺一盆花，這樣

持續下去的話，可驅凶化吉。

但這只是應急方法，有機會的話，遷居才是根本之道。

暖氣機和冷氣機的位置

暖爐和冷氣、電風扇，這些東西都具有調節室內空氣，生起風火的可能，自然影響家相的吉凶。

瓦斯和電爐這些暖房設備，屬「火」，置之南向最適當。冷氣機和電風扇，屬於「水」，所以宜置北方位。

萬一冷暖氣設備，同置一室的話，南或北皆宜，實在因爲格局上不允許，西南、東或東南向亦可。

一般人，喜歡把電毯和被爐，置之屋子中央，但這類東西宜置南方位。

煤油爐，機能上雖屬火，但煤油相當於水，一個器具中，即火又水，便是相尅，因此，爲了避免意外事故，絕不能置於正北或正南。

第四章　時來運轉的佈局計畫

——許願

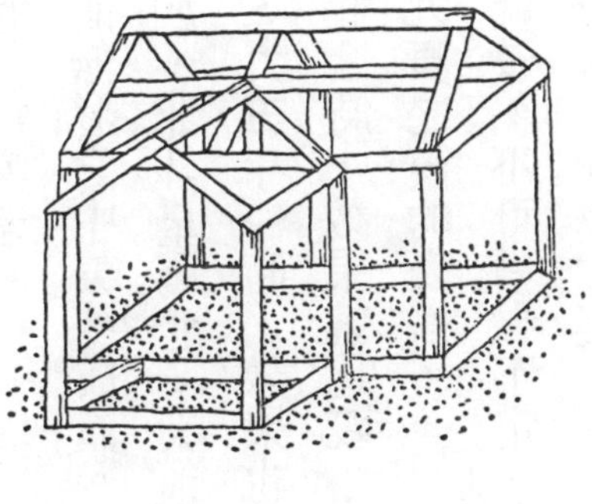

用氣的力量許願

在第二章，我們已經介紹過九星格局中，各種典型的開運法了，請讀者們善加佈置房間，無論是居家，或者聽音樂看書，將是一種享受。

但有了確定目標，更應積極地實現，譬如說，從戀愛到結婚，想在社會上出人頭地，在公司受到上司肯定，錢財進門，或者想買一件漂亮的衣裳等等。

這些願望，只要稍稍改變房間格局，配上九星屬性，即能無形之中美夢成眞。

在這裏，提供給您參考的是，如果自己的象徵方位（譬如，北斗星屬北，太地星屬西南……）遇上每年的幸運方位（北斗星是九二、九三、九五年）時，效果也就出現愈早，相反的，要是自己的象徵方位與那年的凶方位相合時，效果就比較小，或者出現遲晚（有關九星格局每年的吉凶方位，參照二〇九頁之後的表格。）

有句俗語：「哪天想做哪天就是吉日」，譬喻凡事想做就做，不可猶豫不定。因此，如果您有預感幸運降臨，想改變家相格局，早早實行，切莫遲疑。

運氣的流轉有一定的方向，新格局總會帶給您新的幸運和願望。

戀愛與婚姻的格局

談情說愛雖好，還是眞正的戀情、結婚來得踏實，以下，爲您所介紹關於戀愛與結婚的幸運格局。

如果您想從戀愛走向地毯的那一端，格局和重點方位在於東南向，想獲得社會肯定也一樣，都應在這方位上佈署屬木的幸運品，譬如，木桌、花盆、香水等。

想追求男女朋友時，在西方位，擺上金屬的服飾用品和漂亮的小飾物或挿花。西北方象徵著「公司與工作」，西方位掌管著戀愛，因此，如果您在公司裏戀愛有成的話，可在這兩個方位上擺飾鏡子和服飾用品，將如願成眞。

外遇這類事要保密的話，可在北方位佈置屬水的格局，譬如，黑色光澤的桌子，這樣一來，秘密絕不穿幫。

要是您想與遠離海外的戀人，繼續保持戀情的話，可在東南方位，擺上屬木的幸運品，在東方位擺音響設備亦可。

有情人終成眷屬的家具佈置圖

重點方位是**東南**

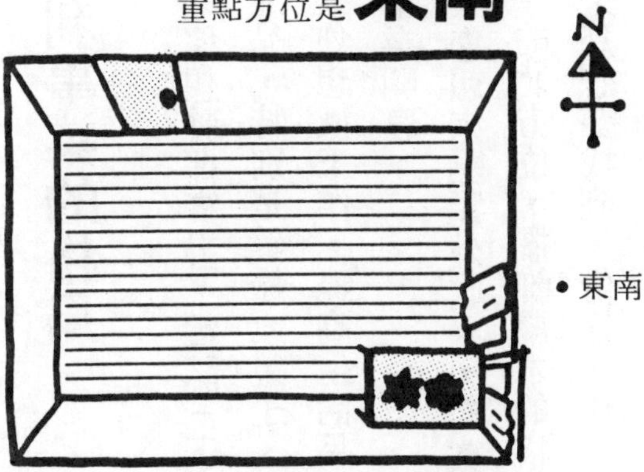

•東南是重點方位

花邊窗簾

有利事業的格局

如果您想發揮實力，嘗試一下有幹頭的工作，應該在西北方位上，佈置一些屬金的幸運品，特別是鐘錶或鏡子，效果更爲明顯，同時要保持這個方位的清潔。

如果您想換工作，提高生活品質，可在東北方位擺飾屬土的書架或陶瓷類器具，有助事業開展。

如果您想來點額外收入，充實財源，或者找到條件好的打工機會，可在意味著「勞動」的北方位，擺飾屬水的格局，床置於北側是幸運的，枕頭朝東北向。

如果您想要找到一份好工作，或者受上司提拔，南方位是最重要的位置。您可以在這方位上，擺上書籍、電視，總之是屬火的格局，一定能夠得到上司以及長輩們的青睞。

如果您想成爲老闆的優秀幹部，北方位是個重心位置，這個象徵水的格局，表示「內重於外」如能在此方位上，擺飾單色或土色的墊子，一定如頭以償。

實力獲得肯定的家具佈置圖

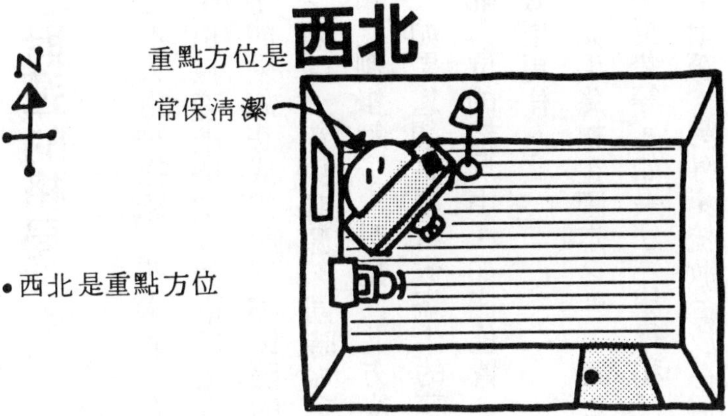

•西北是重點方位

財運的格局

有人這樣抱怨，薪水低、老掉錢……等，老是與金錢無緣。財運非家相所能左右，但只要改變家具的格局佈置，便能招財進寶。和金錢無緣的人，你何不試試看呢?如果您想成爲股票和保險的理財高手，格局重點在於西北方位。這位置表「藏金之處」，意味財源。同時亦可擺飾音響設備，打字機（機械類屬金），然後，在西和北側掛鏡子，明亮西北方位，招福納吉。

如果您想實現有殼蝸牛的夢想，重點在於東北方位。這方位意味著不動產。在東北方位的格局中，如能佈置一些具有重量感的衣櫥或櫃子，一律是茶色系列的話，效果更佳。

如果您想在固定之外，兼差做副業的話，可在北方位，擺飾屬水的幸運品，譬如手提袋等。如果您爲旅行和打扮，籌錢傷腦筋時，可在西方，裝飾緞帶或花邊，自有財源。另外，梳妝台放在這位置最爲吉利。

理財高手的家具佈置圖

重點方位在於**西北**

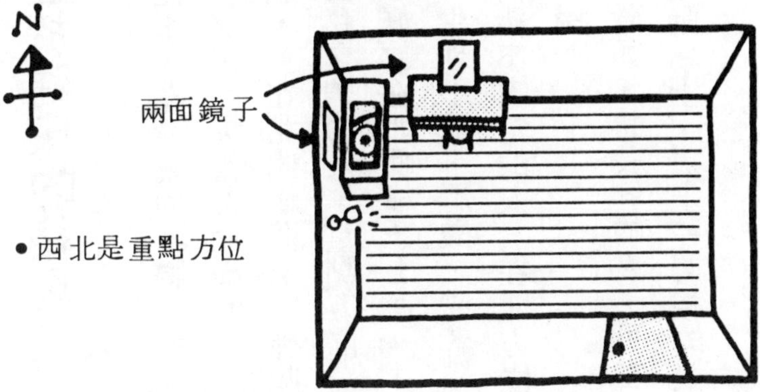
N
兩面鏡子

• 西北是重點方位

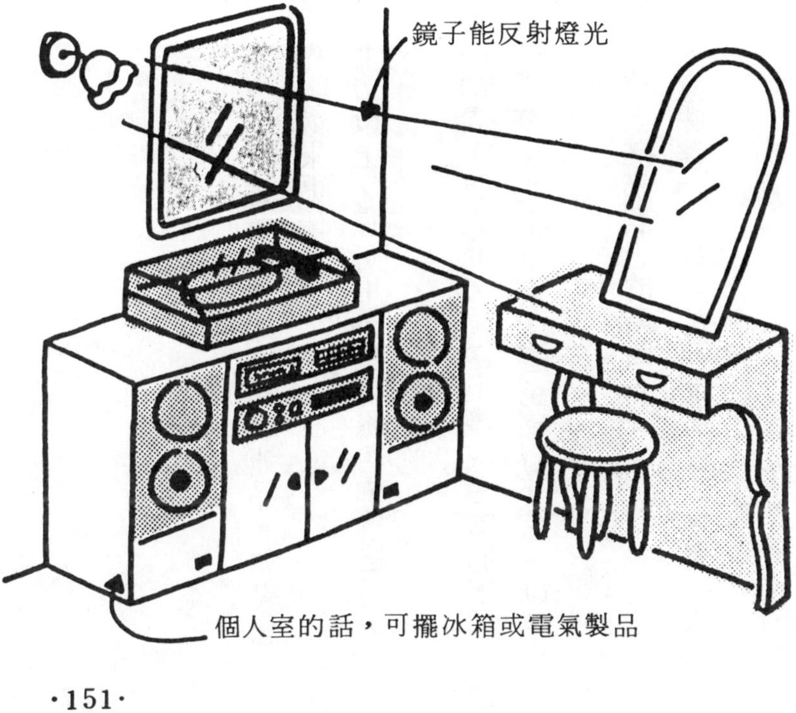
鏡子能反射燈光
個人室的話，可擺冰箱或電氣製品

有益於健康的格局

運氣之本，在健康的身體。

想減肥又但失去營養均衡的人，可在北方位，佈置屬水的格局幸運品。如果您想持續減肥，可在北側牆壁上，排些芳香劑，效果更佳。

飽受便秘之苦的人，重點方位一樣在北方位上，您可用單色或綠色佈置格局，而便秘藥最好放在北側櫃子上。

另外，生理不順、肩酸，或者經常操心的人，可在北方位鋪上淺灰色的腳墊子。生理前情緒不安定的人，在北方位添置芳香劑，心情舒朗。避免感冒著涼，以免「病魔」入侵。

一身瘦骨頭，想長胖的人，可在西南方位上擺飾屬土的東西。

想在運動場上，更上一層樓的人，可在意味著「完成」的西北方位，佈置一個大時鐘。

使妳身材苗條的格局

重點方位是**北**

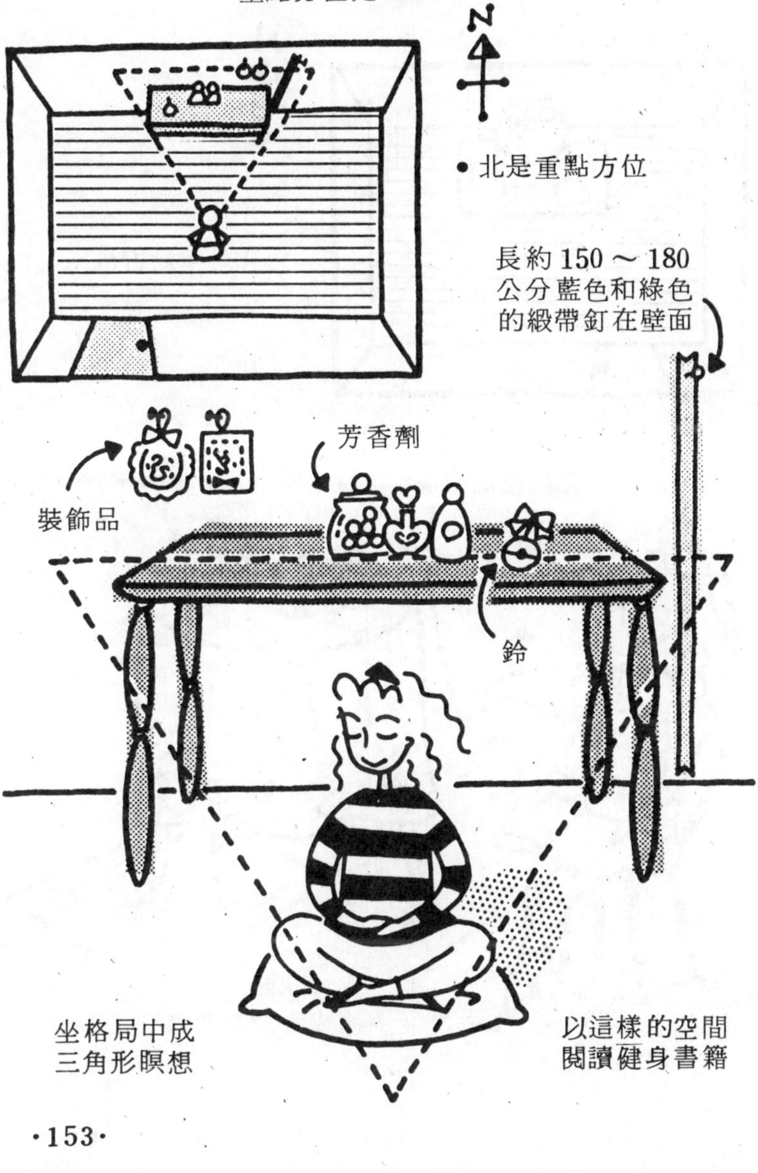
N
• 北是重點方位
長約 150 ～ 180
公分藍色和綠色
的緞帶釘在壁面
芳香劑
裝飾品
鈴
坐格局中成
三角形瞑想
以這樣的空間
閱讀健身書籍

消除生理不順和肩酸的格局

重點方位是 **北**

•北是重點方位

交友廣濶的格局

在外交手腕和人際關係，佔下風的人，要是您願意改變一下家相的格局，一定能夠在生意場上得心應手。如果您想獲得好友的支持，或者在校內或公司內改變自己的形象，可在西方位上好好佈置一番。若在西方位擺上屬金的幸運品，譬如，床或電氣製品、銀器都能帶來吉兆。

如果您想要家庭圓滿，可在西南方位佈置一些屬土的幸運品，譬如木桌、打字機、字典等。

如果您想和鄰居增進感情，可在東南方位佈置電視、電話等。想和親戚朋友們相濡以沫，東北方位疏忽不得，因爲這方位表示「血緣關係」。床靠東側牆壁，枕頭朝南。床單、拖鞋、墊子，最好同一個色彩。

如果您想給初見面的人好的印象時，可在東方位佈置有聲響的幸運品，那樣會使您性格開朗，印象深刻。

與友人深交的格局

重點方位是**西**

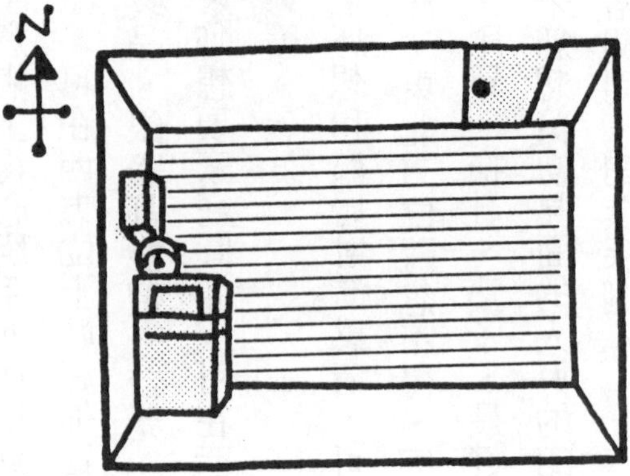

● 西是重點方位

發揮長才的格局

您想成爲一個作家出版著作？或者以一流的外語能力揚名海外？我想擁有這種理想美夢的人，一定爲數不少。爲了喚醒您沉睡中的潛力，提高工作效率，以下有個建議。

北方位是，發揮和培養實力，養育生命的重點位置，如果整個房間的格局，以「水」爲中心，即單色和彩色的搭配調和，另外，在北方位稍加佈置的話，無論是升學考試或資格執照的取得，都會有出人意外的收穫。

爲了激發出潛在能力，發現自我，東方位的格局不得疏忽，以屬木的幸運品爲佈置重點，語學錄音帶在東方位聽學的話，效果更佳。

如果您想長期在海外留學，可在意味著「旅行」的東南方位，佈置屬木屬火的東西，譬如，桌子和有關旅行和留學的書籍，統統擺在東南方位。

培養實力的格局

重點方位是 **北**

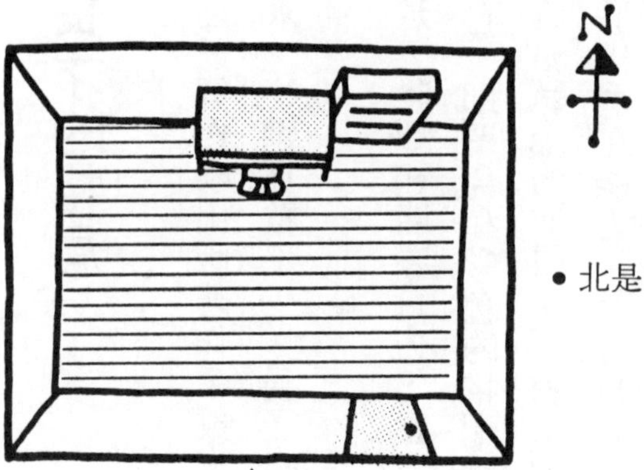

• 北是重點方位

激發能力的格局

重點方位是**東**

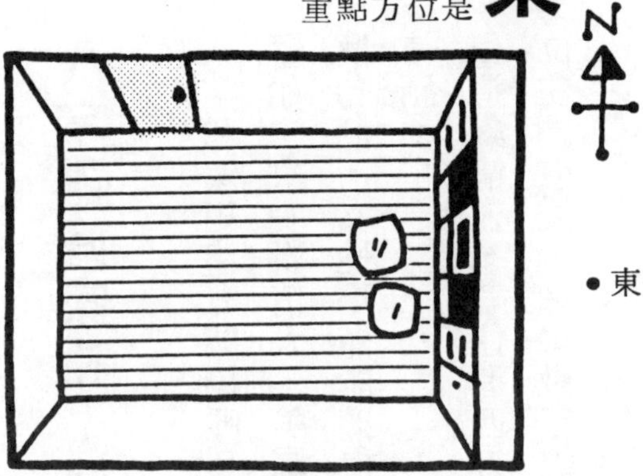

• 東是重點方位

八字雖好家相不好易遭悲戀

八字和家相沒有關係嗎?——事實上很有關係。

譬如，有一對情人，男屬水，女屬木;木受到水的澆灌，長得鬱鬱菁菁。換句話，女性不僅能獲得男性的愛情，八字的配合也十分相稱，生活上很美滿。

但這對情人，若住進西方位破局的房子，一年後，女性會移情別戀。西方位主司戀愛，又象徵年輕女性，這方位一有缺陷，表示女性欠缺愛情。

八字雖好，但家相中的凶氣，仍使他們離異。

住宅相當於一個磁場，逢凶磁場自然凶煞纏身，遇吉磁場，自然吉運亨通，當然男女的八字很重要，但仍受家相吉凶所制約著。

第五章　這樣的家相要注意！

——搬家、遷居、租賃的建議

東、東南、南邊沒裝窗戶的住宅，爲什麼不走運

在中國古代稱家相學者爲「風水師」。因爲他能替人們找到通風良好，水源潔淨的靈地，然後在上面建屋立宅。於是人稱「風水師」。

爲什麼通風良好，水源潔淨之地稱做吉相，因爲這種住宅有益人體健康，人氣也不停滯或淤塞，常保新鮮流動，變成陽氣助人運轉時開。

即使是現代，找房子的第一要件是「風和水」問題。於此，先向讀者談談通風事宜。（關於水後項再敍）

說到通風問題，得觸及窗戶的裝設位置，最理想的窗戶方位是東、東南和南邊，如果這位置開個窗，便可直接吸收旭日東昇的陽光——總之，從早上到午後，住宅的日照程度最好。從晚上十一時至凌晨三時，宅中之氣最爲混濁。這段時間充塞著一天之中的汚氣。

驅除宅中沉澱的汚氣，只有靠從東，東南或南邊射進來的陽光朝氣。當然，不

光是日曬而已，打開窗戶，也很重要。

驅除陰氣，讓陽光對流，新鮮之氣的方位，東、東南、南邊，若有窗戶，即是人稱的吉相之屋。

住在這方位的人，運勢猶如早晨至午後的太陽，躍動與上昇。

可是，西和西南開窗，午後日曬的房間如何呢？

如果說，東、東南、南方位，屬於富有積極性、奮發向前的住宅，西、西南則可以說是充滿倦怠的住宅方位。因爲一沉靜下來，同時意味著休憩與慵懶，減低事物的研究心。年輕人不適合住此方位。

三角形建地上的住宅易遭婚姻破裂

我們經常可以看見很多住宅和建築物，蓋在Y字形道路銳角部分的三角地帶，或者T字路的盡頭上，這種地形好嗎？

從物理上來看，這是容易撞車的地形。新聞時常報導駕駛人因轉彎不及撞上民家……。幾乎都是三角地帶和T字路的盡頭。以地形來說不吉。

接下來再看看地相。譬如說，一個放蕩、心存邪惡的人，只要一見，便知「人相」。

同樣的地形也有「地相」三角地帶，易生事端，以地相而言，這地形易使人惶惑，糾紛不斷。

尤其是精神焦躁，常常與同住的人吵架，或與室友失和，或與同居者鬧婚變，最後爲悲劇收場。

夫婦的話也是一天到晚爭吵不休。這地相的特徵是暴力頻繁。

往往有人在判斷地相時，因爲性急，導致錯誤迷津，不能做出決斷。

因此，「裁判」也要與地相有緣。它意味著與人之間的對立，易產生或捲入裁判問題。

三角地形也象徵著「三角關係」，特別是男女情人，或夫婦，在這地形起居生活，請您務必遵照九星格局，來佈置房間相，驅除地相的惡煞之氣。

住在高層大廈人際關係受阻

在一片平房和二層樓房之中，格外聳立著高樓大厦，或者在田園、空地之中，出現一棟民房……。

這些都是都市近郊經常可以看見的建築物，像這種從上空俯視而下，孤零零的建築，稱爲「孤立的建築物」，它是凶相之一。（但像建築在農地中、一棟一棟的農舍平房，只要與整體取得和諧，仍不算「孤立的建築物」。

爲何稱它凶相的理由，如字面意義揭示的，居住不從周圍開始被孤立起來。

這是我從友人那裏聽來的。他自從搬到東京近郊一棟八樓公寓裏三年了，他的太太一直和附近鄰居處得不好，老起糾紛，老是對我發牢騷。

不僅和鄰居關係搞壞，又加上公司人事異動，調往其他部門，與同事們發生不快。

她在公司和鄰居間陷入兩難局面，於是我就毛遂自薦爲她指點迷津。

在那公寓四周，都是相連的新興平房住宅，八樓公寓置之其中，猶如鶴立雞群，顯得很不協調。

當然公寓底下的停車空間很大，採光良好，按理說，與鄰居起衝突的因素很小。

但是從家相來看，家運會影響居住人，換句話說，住在孤立的公寓的人，自然難與鄰居和睦相處。

因此，孤立的建築物，愈是往高層上去的話，房間的陰氣愈在北方，孤立的程度也就愈高。

總括來說，這種樓房臨窗眺望很好，但做爲住家却有待仔細考量。

最高層住宅吉凶平平

在高層住宅中有合乎您要的房間了。

如果讓您自由挑選的話，您選幾樓居住呢？

「地震令人怪恐怖的，我想住樓下比較好。」

「我喜歡眺望街市夜景，最上層最好。」

人各有所好所惡，但要記住的是，樓層愈高，愈難吸取凶意，同時吉意作用也相對減低。

總之，日照條件不良，對房間相不怎麼好，但惡影響薄弱，吉相之力也難以趨及。因此，對積極趨吉開運的人而言，或許少了些什麼東西。

從另一個角度來說，樓下接近地面，吉凶之意相對加強。如果您住的是吉相之屋，自然能驅走凶氣，吉相之力愈來愈強。或許，您會發出這樣的質疑，方位和房間的佈置一樣的話，怎麼辦呢？所謂住宅（家），它和方位一樣，受地相強烈影響

。譬如，您家建築在因緣未清，和充滿陰氣的土地上，就不好，基於那樣的理由。

因此可以這樣說，您的公寓是建在單純和毫無糾紛的土地上，如想招吉的話，不妨住樓下較好。如果您是住在高樓，不妨在室內多擺些花盆，有帶泥土的綠色植物，可增強吉運。

但只有中央星格局的人，因爲上下關係影響較爲敏感，與其他星座的人相比，吉凶的判別較明顯。

因爲中央格局的人，沒有象徵方位，上下中心的位置幾乎是固定的。中央星的人，請注意遷居高樓時期。（請參照六九頁）

朝正北正南，容易發生意外災害

從前，人們把內客廳設計爲採光良好，廚房和浴室總是日照較差，厠所則設在靠近水邊，但最近，觀念上有了很大改變，很多人喜歡把廚房和浴室，設計明亮整潔。

從家相學來看，這種設計好嗎？

爲了採光，廚房與浴室朝東當然沒有問題，但水道置於正南却需再之考慮。儘管這方位日照不良，可能的話，避免朝正北。

因爲，廚房乃用火用水之場所，支配著水與火。而浴室則屬水；南屬火，北屬水，不得不愼。

本書前面已經說過所謂五行之間的關係（金、木、水、火、土）；水與火相尅，如果以此配置，將帶給居住人惡運。

基於上述原因，應該仔細檢查瓦斯管和水管的配置方位，看配管是否埋藏於壁

中，瓦斯開關，水龍頭的正確位置如何。

總而言之，瓦斯管、水管，千萬不可上下重疊配置，亦不要朝正南、正北方向。

在五行之中，往往有同氣並列關係，瓦斯的火氣和五行的火氣結合起來，意味著燃燒，也就是火災之刼。

同樣的，實際之水與方位之水混合後，更增加水之陰氣，減低運氣。

水與火相尅，但稍稍挪開正南、正北方向，還不致礙事。

另外，瓦斯開關在其他方位，瓦斯爐置於正南，亦遭凶意，如果能稍稍挪開瓦斯爐的方位，就沒關係了。

南北若有河溝對健康不利

小說中常描寫臨川細水的風情，但從房間相來看，並不妥當。因爲，河川本身就存在問題。

如果河流沒受到任何汚染，水質清澈，自然不成問題。而河川方位處於南北向，有新鮮之水，從「風水」來說，可謂吉。

但問題是，目前已難找到未受汚染、清澈透明的河流了，而住宅又建築於河畔近岸，隨著嚴重性汚染，更使它「泥河化」。

在房間之中，住宅搭建在汚染與散發惡臭的河邊，大凶。因爲腐水產生陰氣充塞住宅內外，減低居住人的生氣。若是那條河溝剛好位於住宅之南北，凶意倍增。河乃象徵水氣，北也屬水，南屬火，如果河川位之於北，更增強水氣之陰。如果位之南，水與火相尅，將給居住者意外糾紛的困擾。

另外，河川位之於北，凶意表現在健康疾病上。譬如，稍有勞作，便疲憊虛弱

，損及健康，導致幸運脫逃。

河川位之於南，精神會比肉體上更爲痛苦。常常情緒浮躁、歇斯底里，最後愈來愈無法克服自己。

同樣的，南向之河象徵「眼疾」。但住宅若間離南北之河一百公尺，將不受凶氣影響。

魚池和沼地也是一樣，請仔細考量。

門向車站運氣闕如

採光良好，格局優雅，租金價廉，交通便利……，您若看見這種廣告，一定會想立即簽約，但請您等一下。條件好得離譜，至少應該抱持「這或許有什麼異樣」的態度。

譬如，那住宅有沒有鬧過糾紛，或者曾經有人自殺，有的話，都應極力避免。有很多住宅閒置過久，不向屋主或仲介者打聽，向鄰居詢問即可知情。租金太便宜的房子。需要仔細考量調查一下。

首先，應打聽宅地的歷史經過。如果是土壤肥沃之地，自然帶給你力量，假如是水田地，自然是帶地陰之氣，如果這水田地經過數十載的話，自然不成問題，要是短短幾年，最好不要算了。這跟沼地填塞相同的道理。

另外，儘量要避免古戰場、刑場，或者舊墓地夷平的土地。因緣這種東西，很難感覺得到，有的把道祖神之類的土地，以開發名義興建宅地，眞是不勝枚舉。這

種土地少買爲妙。如果您想究其原因，不妨趁旅行參觀時，打聽一下周圍的店家，即可明瞭。

在此，我想舉一個土地帶凶的例子。就是面冲車站的氛圍。所謂面冲車站，一言敝之，如同住宅的玄關一樣。如果住家的玄關，冲上車站的陰氣，那陰氣便侵入家中。

到底什麼樣的車站才是凶相呢？就是車站前狹窄，旁邊高樓林立，給車站造成壓迫感。另外，是出車站，不是光線暗淡，陸橋遮天，就是轉變太多，這些並非吉相，讓人覺得每日過山洞隧道似的，好運逃之夭夭。

搬家、遷居，呼喚幸運之「氣」

等前居住者「氣散」，兩週後再遷入

不知讀遍幾本住宅情報，問過幾家不動產，好不容易才找到新家。

當您決定搬家時，總想愈快愈好，但請您等一下！

首先確認是不是新屋，如果您是第一個居住者倒無所謂，要是有人住過的話，儘可能等人家搬走，空置房屋，兩週後再遷入。

爲什麼得空出時間來呢？因爲前居住者的人氣猶存，它將影響到您的運氣。

當然空置時間愈長愈好，不過繁忙的現代工商社會，難有那些閒功夫。實在騰不出時間來，一星期空置其屋，待前居者「氣散」亦可。

當然，那期間行李暫且擱下不要搬進屋中，更不要過夜，然而，雖是等待，有很多事得一一去辦。

第一是通風。可能的話早上就去，打開屋裏全部的門窗。這樣即可驅走前居住者之氣，吸取陽氣。

第二是大掃除。用撢子上下將天花板、門框、牆壁、窗沿積垢的灰塵，全部清掃乾淨。尤其是厨房天花板上的塵垢，特別注意。

用掃把或吸塵器清除灰塵後，再細心地打掃榻榻米和床舖。屋中的污垢和死角的灰塵，可以說是，前居住者的殘留物。

爲避免夜中陰氣侵入，記得傍晚關閉門窗。

在未搬入前，最好是常去打掃整理，通風流暢乃重要之事。

「入厝」

破土之前，為順利完工，祭拜土地神，上樑時，又有上樑儀式。

同樣的，為了慶祝您搬新家，招喚幸福之氣，舉行「入厝」典禮。

在前項已說明，搬家最好等前居者搬走一週或二週後，再行遷入。「入厝」（一星期過後亦可）典禮，最好在早上至下午三點舉行。

「入厝」典禮應準備的東西是，一杯淘淨的米、一撮鹽、兩杯酒、一杯水、兩枚白色小碟子、三個透明玻璃杯、盤子、白紙。

東西齊備後，在盤子上面舖上白紙，置於屋子中央。然後，您正面朝南坐在盤子前，將備好的材料排好。

首先，在您右側擺上一盤白米，在左側放上一盤鹽。

兩杯酒同量，置於對面兩側。杯子盛水置於中央。

這些供品準備後，就得向家神自我介紹，然後二禮二拍掌，道出姓名、出生年月日：

「承蒙賜其屋，感恩戴德，請多關照。」

說完，再行一次禮。

舉行「入厝」禮後，離遷入如有時間，盤子上的東西可原封不動。但幾天後，再去巡看時，記得添換新水。如果不馬上搬進去的話，儀式後兩小時不去動那些東西，之後，把米帶回去，酒和水和鹽，就在流理台洗滌即可。

搬家最好在中午之前

等了兩星期的「氣散」，「入厝」禮也告結束，再來就是搬家事宜了。搬家儘可能在中午之前開始著手，搬運行李——這種方式最爲理想。

因爲，萬一距離較遠，行李又多時間上費時。

我們搬運行李時，同時也在運送「氣」，太陽出來時，帶有陽氣。而夕陽西沉後，自然成爲大陰之氣。

在陽氣之下搬運行李，同時也給住宅帶進「陽」力生生不息。

相反地要是夜裏搬家，陰氣自然侵入屋中，特意招進的吉運，導致功虧一簣。

這就是爲什麼，搬家時要選太陽高昇，陽氣充足的早上的理由。

如果，工作上不便，非得在夜間搬家，爲驅陰氣充實陽氣，最好在翌日中午前，整理行李。

因爲，經常有很多情況是，搬完家已近黃昏，時間緊迫，整理行李往往延遲深夜。

若是您在中午之前搬完行李家具，在夜晚整理交可。

總而言之，重要的是，搬運行李家具的時間，是否在陽氣充沛的時間範圍之內。

下雨時，最好等放晴後再整理行李。

搬家後四十五天之內不外宿

門窗的方位、家具的佈置，對您來說這些都是吉相，但能不能感受吉力，就不一定了。因爲，要是您的基礎不存在於住宅之中，吉意效果就難以發揮出來。

譬如，播種後，植物要伸根吐芽，需要一定期間。

挿條也一樣，生根綻出枝葉，頗費時間。

但只要土根紮穩，即能吸收土中的營養。

人也和植物一樣。爲了感受家相之吉意，首先並以紮根於宅地，當務之急。

搬家後，四十五天之內最好不要外宿。理想地說，是六十天，但往往有身不由己的情形，譬如，研修、出差、職員旅行、地方上的婚喪喜慶等。

「外宿」，並非指一個晚上不在家的意思。

譬如，從家相來說，深夜二點歸來，或者，當天就回來的旅行，因迷路，或清晨三點之前出門，都是「外宿」。

家相中，夜十一時至清晨三時，這段時間都叫「外宿」。

所以，搬家後四十五天之內，最好別深夜不歸，早早回家。

這段期間，儘量不要留朋友他人過夜。因爲您的氣還沒在家中穩定下來，他人之氣會混亂了您。

要是您非不得已外宿的話，只好從翌日開始，訂立「四十五天之內不准外宿令」。

四十五天過了之後，一切穩定，屆時外宿請便。

房間佈局慢慢來

搬完家，得和這住宅和睦相處。常常有一股衝動，想早一點除舊佈新，譬如您是九星格局中的城土星——。

您的幸運格局，是有存在感的民俗風味家具，或者家具式的大型畫面電視等，這些都是幸運指向。然而，却是價格頗高之物。

您想早一點，買下吉利的家飾，但這些高價位東西，一次備妥，恐怕有困難。或許，您會認爲開運格局置辦遲晚的城土星的人，運勢也會延遲下來，當然沒那回事。前面已經說過，居住者搬進新屋之後，想根氣穩定，仍需一段時間。精神方面也一樣。

譬如，有一個現象是，當您早上醒來，彷彿置於他人屋中的感覺，下班回家，也朝以前的舊家搭錯車。

適應和穩定新屋，都需要一定期間。

所以，格局佈置隨您與住宅適應的速度，慢慢添購即可，冬季獎金買一些，有

計畫性的添置。

或者也可以，找出九星格局中，象徵自己的吉方位，然後與每年的幸運方位（書末的參照表）吻合起來，一個一個買下那方位所帶之「氣」的東西，發揮吉意效果。

譬如，您是北斗星，北乃象徵方位。開運物即象徵北方水氣的冰箱，如果您想買冰箱，別急在此時，因爲到了九二年北就是吉方位，寧可那年再買不遲。

家具乃家居長久之物，應愼重選購。只要配合自己生活步調，幸運仍爲您開啓。

西方是寵物的象徵方位

大概是現代人的生活比較餘裕，或者社會和諧，飼養寵物的人愈來愈多。給貓狗訂製屋舍的人也在增加之中。

在室內寵物中，以絨鼠和波斯貓人緣最好，牠們優美的身姿，可說是「動態」格局。的確，看牠們在地板上悠閒的走動，或者在沙發上的蹺臥睡姿，使人心情舒泰，近似如畫。

但千萬記住，與寵物同住時，容易損傷家具，弄髒房間，儘量不要使脫毛和惡臭，污染到宅中之「氣」，並保持清潔。

西方是寵物的象徵方位。尤其要避免這方位是否不乾淨。寵物大小便之處，應清理乾淨，飼盆要換洗，注入淨水，備妥飼料。

受到良好照顧的寵物，可以代替主人災厄，換句話說，西方位之金氣穩定下來，能帶給同居人豐盛的回報。

第六章　吉屋的格局

——動動腦筋、如何調配色彩、擺設家具

玄關

當您拜訪人家時，走進玄關的初步印象，即可知曉那一家的生活方式和氣氛。從玄關的陳設，脚墊的色彩形狀、和擺在鞋櫃上面的花和裝飾品的格局，在一定程度上，就能獲知主人的興趣所在、家庭人員、性格等等。

清潔、有條不紊的玄關，給拜訪的人留下好印象，反映主人做事認眞和高潔的人格；相反地，若角落中堆滿雨傘或滑雪用具、髒鞋子、拖鞋亂丟，就會給人一種邋遢的家庭形象。

從前，有見識遠見的人，築屋時，比起其他房間，爲做好玄關，總是不惜重金。因爲，自古就有「玄關即門臉」之言，它連接家的內外，總之是與社會聯繫的重要場所。

好玄關自有善人，好運來訪，又給住家帶來幸福，玄關是招福的入口。因此，如果您是在公寓獨自生活，不妨把玄關趣味地調整看看。

從房間相來看，玄關的希望方位是東南方。東南採光充足，明亮之處充滿陽氣。做爲社會出入口的玄關而言，明亮的好處，在於幸運常開。

要是玄關不在這方位，用不著擔心。可在玄關東南側，擺飾一些招福之物。這些小物，必須象徵東南，而且屬木。——譬如，雕刻品；東南方的象徵色彩是水藍色。另外，以季節變化，裝飾圖畫、俳句、書法等小册子，亦能呼喚吉運。

總之，在東南方，這些「薄物」、「長物」、「晃動之物」，都帶吉。

另外，可在東南壁面上掛著薄荷香水的芳香小品，或者在鞋櫃上擺插花，或把乾燥花插在寬口水瓶，都是奇妙的格局開運法。

如果您想實現結婚夢，邀諸初戀情人來家中，可在東南方擺上帶花或結實植物（不是插花而是盆栽）時，結婚喜訊自然如運開來。

基於這種原因，在玄關西南側，要時常擺放一支紅傘。這表示防止魔煞從玄關侵入。要是在玄關北側，裝飾繪馬、版畫、家庭中就不易侵入寒氣。

廚房

理想的厨房，是基於空間和飲食生活的思考，所以設計上有所不同。

譬如，I字型厨房，空間較小，爲了在狹小空間中，有效作業，瓦斯爐和調理台，便成一列的直線配列。

如果取得較大空間，壁面就能充分活用的コ字形配列，也有有效利用角落的L形，形式各式各樣。

整個家族成員想參與調理，或者一邊調理，一邊用餐。如果是這種型態的話，可設計爲對面式的櫃台厨房。

我們在卷頭揷畫中，已經描述過L字型厨房配列，使用上較方便。爲什麼要背朝東側之窗，坐西南向，基於以下理由。

厨房，以九星格局中而言，相當於太地星和龍氣星和連喜星。方位是東、西、西南方。厨房主要是調理空間，如果瓦斯爐、調理台都能集中在東、西、西南，每天的調理工作不但不辛苦，還可促進家族的飲食生活健康。

喜歡烹調料理的人，將許許多多的調味料擺在西方位上，不但會愈來愈手巧，菜單也會增加起來。

記得將開運的廚房用品（參照一一〇頁），擺在自己九星格局中的吉方位。

廚房是處理水和火的場所，五行之氣當然成爲火和水之氣，是一種相尅關係之氣的組合。所以，使用水火時應特別小心，千萬不要把瓦斯開關、火爐、水管置於正南，正北兩個方位。

如果萬一，這方位上都已佈置，不可移動時，您就在西北向的牆壁上，貼上「伏火」字樣，即可減弱凶意。

廚房較易堆積垃圾，西南向象徵內鬼門，任何住宅不淨之物，總令人退避三舍，尤其這方位不淨的話，廚房不吉。儘可能的話，餿水最好每天清理，要是遇不上收集垃圾那天，至少也應把它裝進袋子，以免臭氣溢出。

東北向乃鬼進出之處，在這方位擺上高大型碗盤櫃，可堵鬼路，兼削減凶意之作用。同時，東北乃指外鬼面，如能在高貴的西北方位上，常保清潔，自動帶來吉運。

厠所、浴室

從厠所和浴室，就可以看出那個國家的文化水平，住家也是一樣。無論再好的客廳，生活多麼豪華，忽略厠所和浴室的重要性與清潔性，總令人懷疑那個家庭的「文化水平」。

厠所和浴室最理想的吉相格局，基本上，還是保持清潔。從前，厠所被稱做「不淨」之物，當然這種印象是不妥當的。

說是「不淨」如能比其他房間勤於打掃、坐墊、脚墊、拖鞋等，整理一些感覺較好的東西，並經常換洗。

厠所用品的開運色彩，基本上，若是潔淨，任何色彩都可使用，要是想打開健康運勢，白色、象牙白、檸檬黃、粉紅色、淺藍色，以淡色系列爲佳。

相反來說，儘可能的話避免使用紅色和紫色。因爲單色調表示水氣，屬於火的紅與紫剛好是相尅關係。

但是，只有厠所墊子例外。因爲這是古來的緣起之物。厠所的小東西（可能的話床面附近的東西）都使用紅色的話，可締結良緣。

另外，厠所最不可欠缺的是除臭用的芳香劑。不喜歡厠所有香水味的人，如能在厠所擺一些除臭功能的東西、花束、香皀等，也不失爲一種漂亮的演出方法。

浴室，要經常打掃水垢和髮毛，更重要的是，保持乾淨、驅除濕氣。

厠所和浴室的吉相，如果各自一間，當然沒什麼問題，但合爲一間時該如何調整呢？

在設計上，如果浴槽與厠所位置不能移動時，浴槽儘量朝東或東南方，而厠所最好設在北或西北向以外的方位。西北方位，最忌諱不潔之物，實在無法改變設計上的侷限，記得天天清掃，保持整潔。

另外，浴槽和厠所都是帶水氣的格局，儘量不要朝正南或正北。同樣的水管、瓦斯開關，置於此方位凶。

萬一設計是在凶意位置上，爲減低凶意，可用統一的單色調，給象徵厠所和浴室的北方位，以開運色彩。

書房

書房、書齋、工作室，都是做爲提高修養，追求知識的地方，整個格局重點在於南方位和照明設備。

南方位是掌管「知識」的方位，因此追求學問和知識，這方位非常重要。

假如您使用個人電腦和打字機的話，桌子稍稍放在東南側，將ＯＡ機器擺在南方。如果您是做調查「手工作業」，最好坐在東南向桌子操作，邊看畫面的作業，在南方位執行爲佳。

從東南到南邊，書桌和側桌佔有的空間，以象徵方位考慮的話，這樣比較能夠提高效率。另外，與其一個書桌擺上ＯＡ機器，不如分成兩個，才好施展身手。

書架、參考書、資料、剪報等，或者學習和工作上的資訊，最好全部置於西南方。置於此方位，可有效提高您的智能和幫助。

照明，對住宅來說，是發揮重要功能的東西，您如何去挑選和使用呢？

照明大致可分爲白熱燈和日光燈兩種。白熱燈，照明度高，再小的面積也能照出光源，大多用來做部分照明。另外，這種器具和樣式，也使用在氣氛調飾照明。

日光燈，因爲比白熱燈更有光亮效能，通常做爲全體照明。

書房和教室，該用什麼照明才好呢——。

房間中央應吊一盞日光燈，或則設在桌上斜四十五度角（左手側）亦可。如果您想採用間接照明，可在音響機器旁，裝一副看看。

當您工作或讀書疲累時，總想關掉全部照明，點亮微微光線，一邊聽音樂，使自己過得輕鬆自在。

整個房屋，雖然是微弱照明，也確實給人感覺溫馨富有氣氛，但相反地說，也較難以集中做一件事情。

還有一點就是，參加考試或希望取得合格證明求來的護符，這房間萬萬少不得，貼掛護符的話，可朝南、朝西北向的牆壁上張貼。會使您的努力開花結果。

客　廳

在生活雜誌的照片中，經常可以看見客廳的家具組合，總是有一組沙發和桌子，換句話說，這種應接組合，是佈置在房間中央的格局。

以日本的住宅情況和生活習慣來說，這還不致於是不相稱的佈置。而且「組合」嘛，又是個性上的家具。

客廳，是家族暢談與休憩的場所。如果這房間能給您溫馨的氣氛，使您家人悠閒自在，和諧融洽，就是吉相。

要是您侷限於形式或材料購辦家具，硬模仿西歐情調的生活形式，搞得壓迫感，以家相來看反而不好。

給您一個建議，客廳格局還是以個性、柔軟兼合的感覺為佳。

譬如，您家人各自買回喜歡的椅子，或者在部分舖上地毯、墊子的地方，擺一床搖椅，該是多麼美妙。

如果，中間擺放幾個特大的靠墊，坐、睡都非常舒服。冬天，屋子中間擺一床被爐亦不失好的格局。

客廳是家人聚集談話的場所，儘可能是輕鬆愉快的空間。

以九星格局而言，客廳是家族的中心——亦可意謂著中央星。本來它就沒有象徵方位，要是採光良好，明亮度又高，當然是理想之所。

色彩調整仍以明亮感爲主，另外，從中央星的象徵來看，土色、茶褐色、淺咖啡色能統一起來的話，是吉。

如果您想在屋中擺放桌子，儘量挑選松木、橡木等明亮色彩的北歐風家具。以色調而言，照明器具和椅墊，採用紅色或橘色的話，一定會達到開運效果。爲了避免從北方位的寒氣吹進屋內，記得在北邊牆壁上，遮掛厚重的掛氈，或者是葛蘭式窗簾，防堵陰水之氣侵入。

可是最近的公寓，因爲空間狹小，經常把客廳和廚房合在一起，爲了不讓水火相尅之氣，侵入客廳內，廚房最好安裝窗簾，一方面有阻隔作用，一方面可遮斷相互排斥之氣。

臥　室

忽忙的一天結束後，可以獨自舒適休憩的地方，只有臥室了，但千萬不要只把它當「睡覺的房間」。

以下，我們就來佈置臥室，給它變成一個氣氛良好的地方吧！當然這裏最大的條件是，能夠使人安心睡眠最重要。

臥室，首先表示「夜與睡眠」，又象徵北方位。因此，考量整體色彩時，得表現出北方位所象徵的「穩重」與「古典」。

如果您想色彩調整的話，不妨在灰色地毯上，擺上黑色或白色的家具，單色調最好能統一起來。

涼爽、穩重的色調，應該是能消除一天中的緊張感和安定心情。

然而，單色調畢竟有些寂寞，要是採用亮麗的藍色系列也不錯。藍色系列，使身心很快地達到舒爽效果。

或者用淺咖啡色和茶褐色，穩重的印象做爲色彩調整亦可。它會給孤獨生活的人，一種溫暖的感覺。

格局佈置的重點在於北方位，這方位最好不要堆置物品。

希望您都能在這位置上，貼掛您喜歡的圖畫與相片。相片最好是黑白照，把它貼在北方位，亦做「護符」。

床單和枕頭套的顏色，看床擺哪個方位，都和開運色彩所持之方位不同。譬如，您想靜靜睡覺，床頭並朝西，使用橘色和粉紅色等暖色調。如果您在早上有約，可床頭朝東，穿藍色系列的亞麻布。

從最理想的家相來看臥室的話，隱沒的能力被激發出來，才能受到磨練，這些都是吉意增加的表示。北方位表示「隱藏能力」，如能酣眠的話，潛在能力就能發揮出來。所以，臥室空間最好取大一些，色彩選用上儘量用穩重、輕柔方式，來消解壓迫感，這是一件大事。

另外，值得注意的，最近的羽毛被和羊毛被，含有許多「氣」，為了防堵陰氣，放晴時要曝曬一下，驅除陰氣換取陽氣。當然，從前的棉被也一樣。

榻榻米房間

最近的住宅，裏面連一間榻榻米房也沒有。愈來愈多。而年輕人之間，一住進和室，就會特意舖上地毯，擺床，當西式房間來用，從家相學來看這種使用方式吧。

和室有它的優點和使用方法，完全無視於它便開運困難。因此，我想重申和室的優點。雖叫和室，並非是眞正的日本房間，而是前面插圖中所講的榻榻米間。

和室最主要的材料是，拉窗、隔扇、榻榻米、木頭、紙和藺草。在高溫多濕的日本，和室是很重要的。

榻榻米在溫度高的時候，吸收溫氣，到了乾燥時期，便把含有的水分蒸發出去，一邊調節外面空氣，一邊柔軟對應。有了榻榻米，如同家裏藏著自然的感知器一樣。

事實上，如果不擺沙發、桌子、椅子等大型家具的話，和體裁不怎麼整齊的西洋房間相比，巧思妙慮造出來的日本間，雖然不擺飾額外家具，端看青榻榻米、拉窗的對比，襖繪和欄間的巧匠，就算得上美妙的格局。

再怎麼說，只一間榻榻米，用途和目的就這麼廣泛，這就是和室的優點。譬如，擺出座桌即可當作用餐桌、客廳，舖上棉被，就變成了寢室。

另外，從居住心情來說，在西洋式房間無法體會穩重感，和室中都能溫暖感受得到。

榻榻米和冰冷發硬的床不同，而且富有彈力、溫暖，而且隔音效果又很好。

但這是好處，同時也是缺點。譬如，榻榻米。榻榻米本身，保氣性相當良好，相當於地毯和墊子。總之是易收陰陽之氣。

基於那種考量，如開頭說的，在榻榻米上鋪了地毯，只會增長凶氣，應予避免。當然，使用和室的情形，考慮那種性質，和西洋房間一樣必須細心打掃。乾擦榻榻米連接的縫隙，或吸塵，保持通風。注意拉窗或隔扇有否破損，否則幸運會逃之夭夭。

東南向的拉窗，這方位的橫棧具有「圓融的人際關係」的特點，因此，東南向的拉窗一定要橫棧，要是有破損或髒汚，人際關係易起衝突是非。

歲末大掃除時，總要舉行驅魔招吉儀式，記得重新換貼拉窗紙，翻新榻榻米，好好佈置一番。

何謂吉屋？家相和房間相的關係？何謂每年的幸運方位？

房間相Q和A

Q：何謂吉屋？

A：吉屋與寬狹大小無關，只要日照充足，通風良好，清潔，住起來舒適的格局，都算是吉屋。

有一種房子，垃圾和厠所臭氣熏人，又在交通流量大的路邊，噪音不絕於耳，通風不良，全是夕照，住在這種房子的人，運勢會衰弱下去。

另一種是，屋子裏老是濕答答，髒亂不堪，不知不覺屋中便充塞邪氣，侵蝕居住者。

相反的，好家相可以說，冬暖夏涼，生活舒適，給居住者身心健康，凡事充滿積極心，開運逢吉。

說到開運，從前人們常說巽（東南）之玄關，乾（西北）之藏，就是好家相。

如果東南向玄關稍爲凸出的話，自然就會有貴人相助。乾的方位。西北，是家中最高貴藏寶之所（藏指突出之意）因此住那種格局的人，帶來財運。

但以現代的住宅條件，像這種有「凸出」的理想方位的房子，已經很難找到。寧可說，無凸出或缺陷的「正四方形」比較沒有什麼事端。

現在您如果在找房子，六帖和八帖的房子，比起L字形和コ字形的變形房子，有更大的自由空間，儘量選擇正方形住宅。

萬一，房子裏眞有大柱傷損，或許才一兩個問題而已。

那時候，與其拘謹什麼「理想住家」，不如在家具和格局的佈置上多花點心思。然後彌補缺陷和驅凶，創造一個理想住家的格局。

如何創造吉屋的重要性，我們已經講過好幾遍了，要注意住家是否清淨。總而言之，認眞打掃、清潔，有心整頓。

早上醒來時，要立即打開窗戶讓新鮮空氣對流，花瓶的水天天換新，這樣的房子才能充滿「新鮮之氣」。

玻璃窗出現髒污、鏡子結蜘蛛網、壁面漏水、厠所穢氣四溢，如果不予清理，吉意會明顯地減低。

儘量清掃室中的灰塵，不要給魔煞有侵入的隙縫。

請別忘了，只要每天細心地做，很快就會變成吉屋。

Q：家的配置和自己的房間方位有吉凶關係嗎？

A：如果您是住在公寓等集合住宅，或個室的話，就沒有關係，但一棟房子之中，您的房間方位如何，整個家的方位吉凶，就會影響整個房間相的吉凶。

但是，在房間相的想法中，個室比家中的每一個房間，更能影響自己的運勢，首先應從房間相開始考慮，去佈置吉屋。在家中，即使您的房間是個惡方位，同樣可以避開的。

因此，不要太在意您自己的房間方位，處於宅中的哪個位置。

譬如，圖一，A小姐的房間在住家的東南向。東南表示戀愛結婚有成，所以在房間的東南向，要經常裝飾花束，保持清潔，這剛好強調住家東南向，和房間東南向一致，吉意倍增。

圖二，B小姐的房間位於住家東北向。東北向，含有北方位的陰氣要素，如果B小姐房門的東北側一有髒污，兇意會變本加身。

這時候，要保持房間清潔，然後在房間東北側擺上大型的家具或衣櫥，即可防堵陰氣，驅趕凶意。

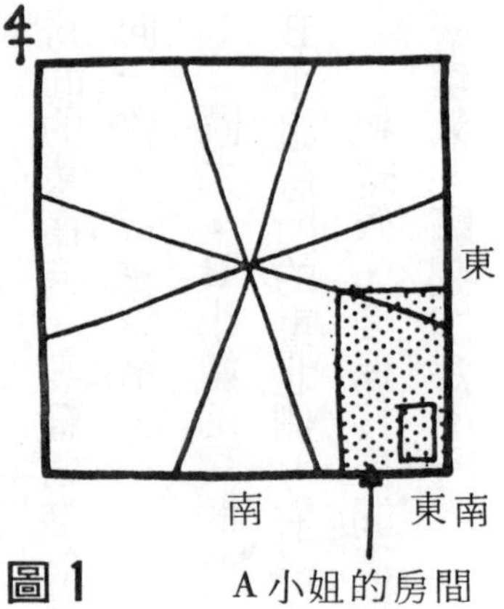

圖1

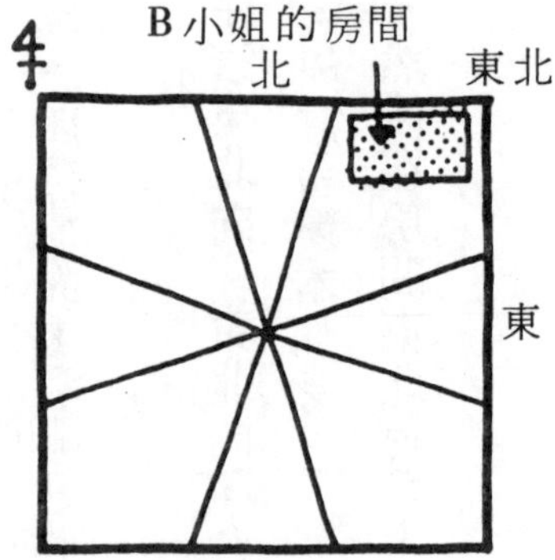

圖2

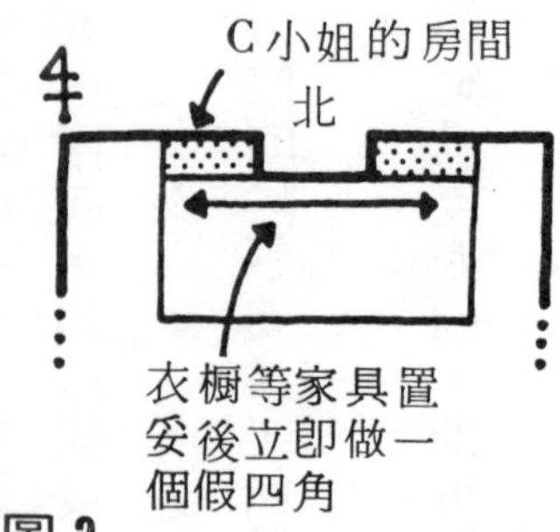

圖3

圖三，C小姐的房間，在住家北側，而且朝北有一缺陷。總而言之，C小姐的房間因有缺陷，加上北方位原來的凶意，更形激增。

解決辦法，只有在缺陷兩側，擺上家具來修正凹凸部分，使房間成四角形。如此一來，即可減弱北向缺陷之凶意。

另一個方法是，兩個月一次外宿，或者當天旅行，住在朋友家，這是不讓房間生根的一個手段。總之，雖然是自己的房間，但意識上表示。人不在此地停留。

Q：九星格局的象徵方位，和每年的幸運方位有什麼不一樣？

A：每個九星格局，都有各自的象徵方位（參照三七頁）。

譬如，北斗星屬北，太地星屬南，龍氣星屬東。所謂象徵方位，就是與九星格局同性質的方位。

以北斗星來說，北斗星的性質和北方位的性質一樣，換言之，象徵方位也是一種身分。所以絕不可弄髒自己的象徵方位，這是房間相的基本思想。

基本上，在佈置房間幸運物時，總是找出與自己象徵方位相投合的東西，配置方位，也是以相生的象徵方位爲主。每個九星格局的吉方位（四六頁至九三頁）就是象徵方位和相生的關係。

至於每年的幸運方位到底是什麼呢？就是指支配著那年的大氣方位，這方位可以反映搬家、就職、轉職、旅行、調動升遷的吉凶。

但是，大氣每年一變，所以每年的幸運方位也跟著在變。

另外，各九星格局，吉凶的流轉也不一樣。

各九星格局每年的吉凶方位表，可參考書後的幸運方位盤（二〇九頁至二一七頁）。譬如，您是北斗星，預定在九一年搬家，到底搬到哪個方位才會走運呢？或者那年哪個方位是吉是凶，看了以後立刻明白。請多加參閱。

Q：室友與自己的吉方位不同，怎麼辦才好？

A：您與朋友共同賃租一個房間，又和男友同居一室，這種情形，如果兩人的吉方位相同，格局佈置就比較簡單，不一樣才麻煩哩。

首先，要看生活中誰佔主導權，以他（她）的吉方位來考慮格局。

譬如，兄弟姊妹同住時，您的姊姊和哥哥就是中心人物。如果，您在上班，他們還是學生，您就是吉方位的主導。

夫婦的話，如果您居家時間比較長久，就以您爲中心也沒關係，或者，在您的想法中，應以「丈夫爲中心」去佈置格局，都無妨。

要是房租平分，家事同等的話，一年交替一次，相互配合自己的吉方位，該不失爲公平吧！

北斗星

九星格局每年的幸運方位盤

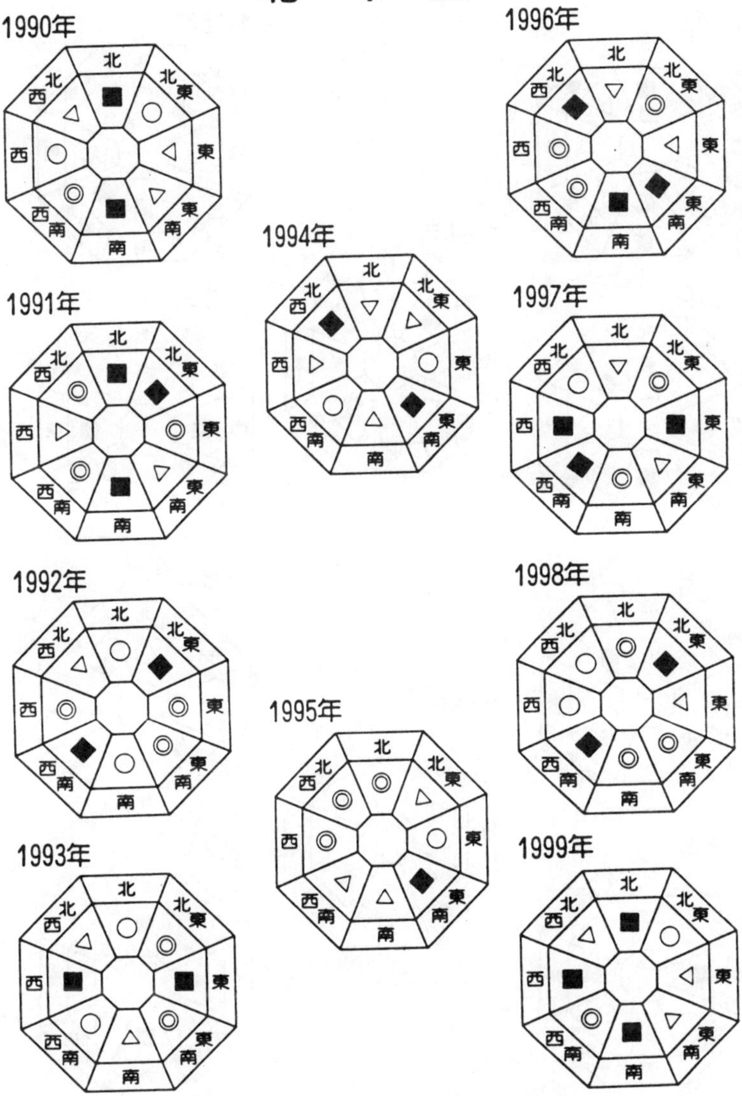

◎大吉　○中吉　△小吉　■凶

太 地 星

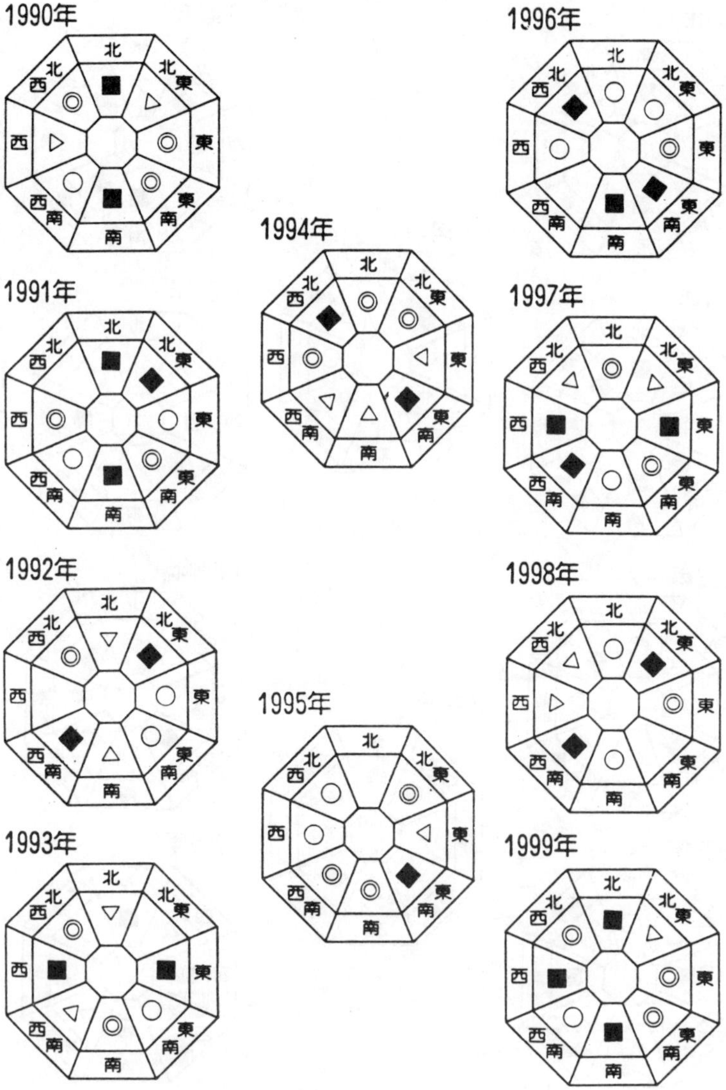
1990年
1991年
1992年
1993年
1994年
1995年
1996年
1997年
1998年
1999年

◎大吉　○中吉　△小吉　■凶

龍　氣　星

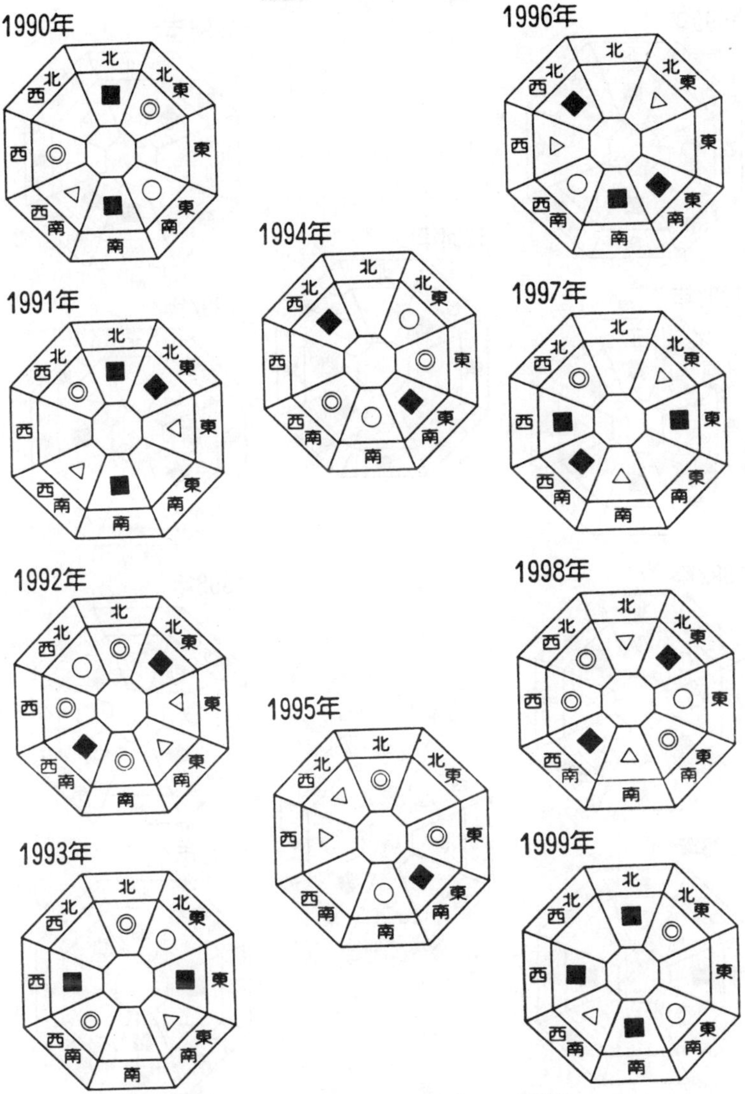
1990年
1991年
1992年
1993年
1994年
1995年
1996年
1997年
1998年
1999年
北
北東
東
東南
南
西南
西
北西

◎大吉　　○中吉　　△小吉　　■凶

信 用 星

1990年

1991年

1992年

1993年

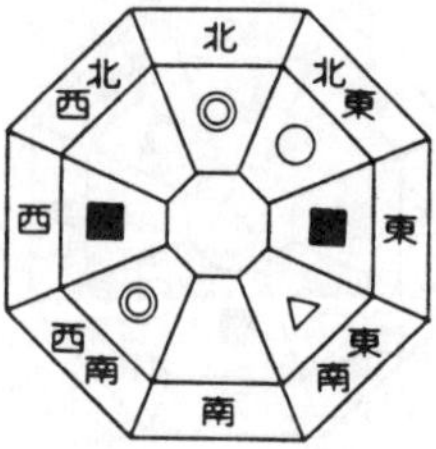

1994年

1995年

1996年

1997年

1998年

1999年

◎大吉　○中吉　△小吉　■凶

中　央　星

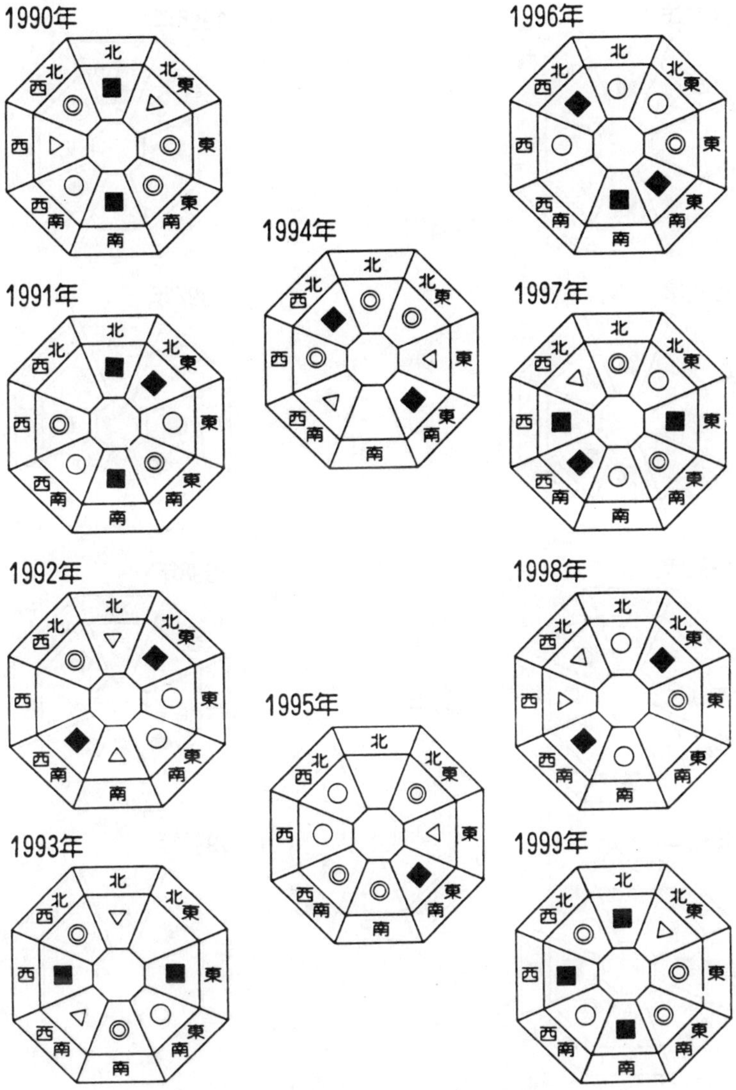
1990年
1991年
1992年
1993年
1994年
1995年
1996年
1997年
1998年
1999年

◎大吉　　○中吉　　△小吉　　■凶

天 高 星

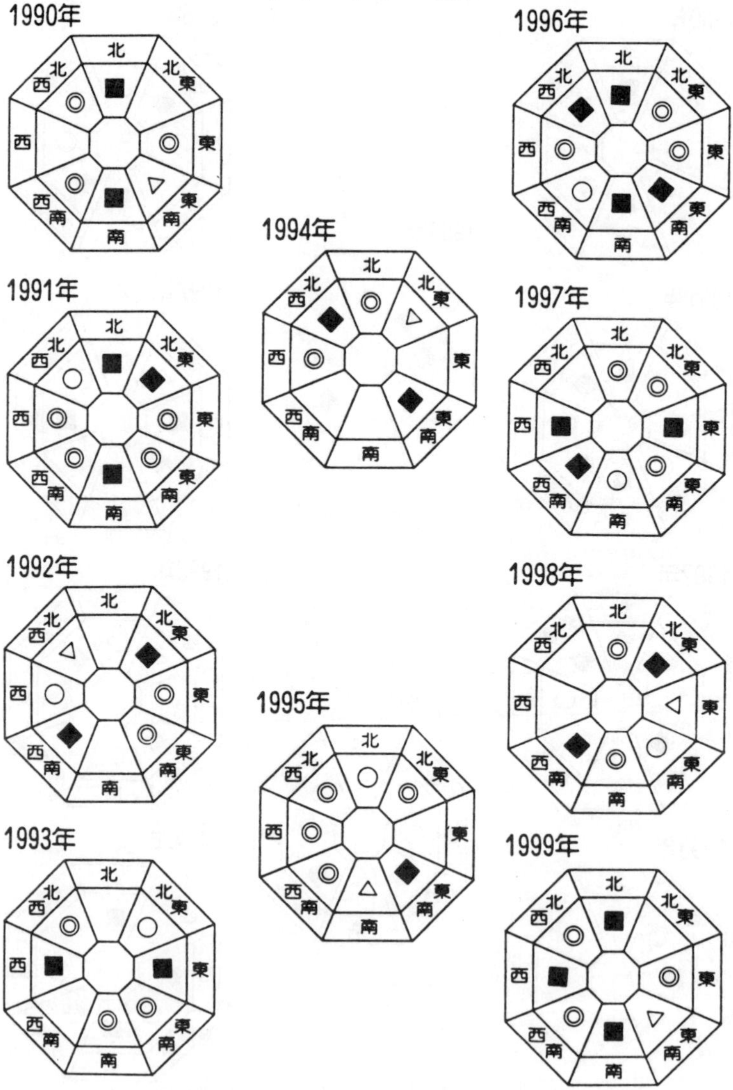
1990年
1991年
1992年
1993年
1994年
1995年
1996年
1997年
1998年
1999年
北
北西
北東
西
東
西南
東南
南

◎大吉　○中吉　△小吉　■凶

連　喜　星

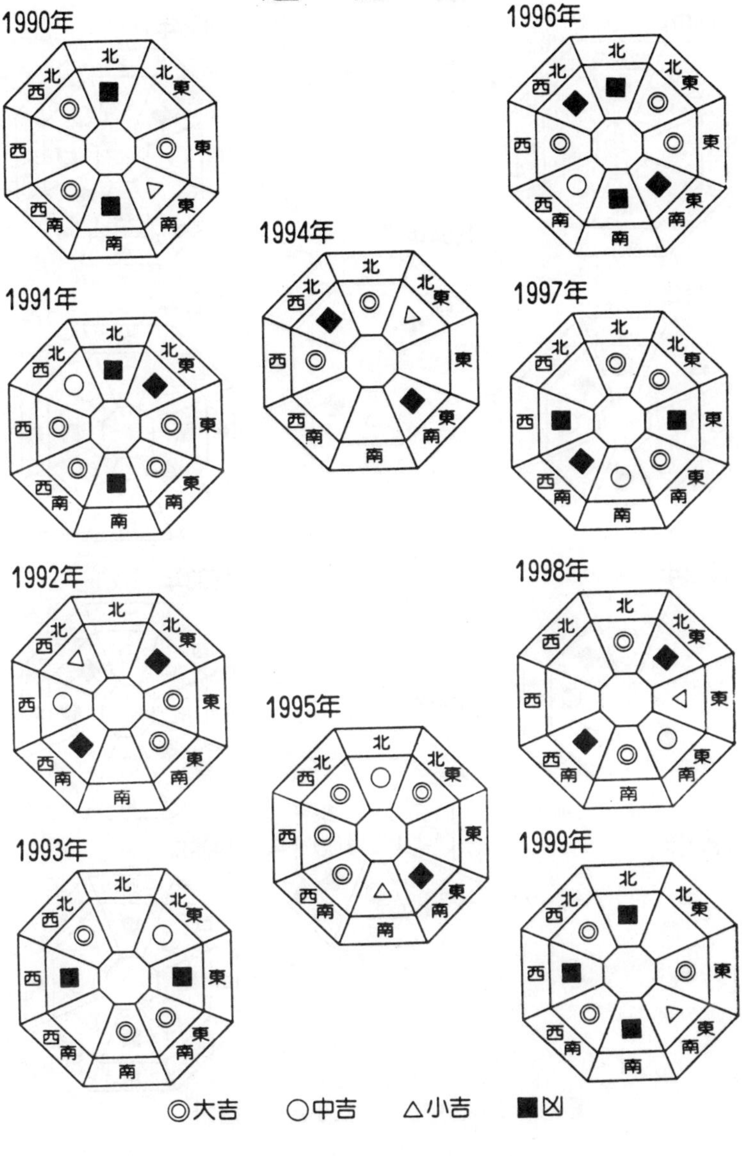
1990年
1996年
1994年
1991年
1997年
1992年
1998年
1995年
1993年
1999年

◎大吉　○中吉　△小吉　■凶

城　土　星

1990年

1991年

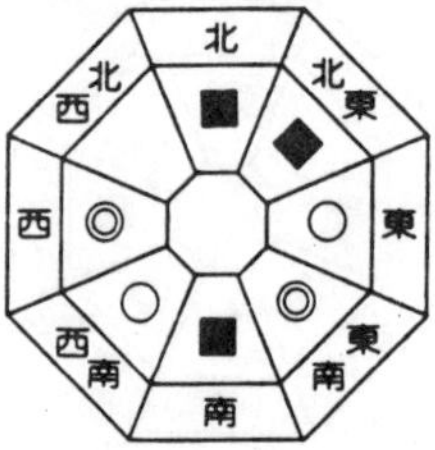

1992年

1993年

1994年

1995年

1996年

1997年

1998年

1999年

◎大吉　○中吉　△小吉　■凶

楊　貴　星

1990年

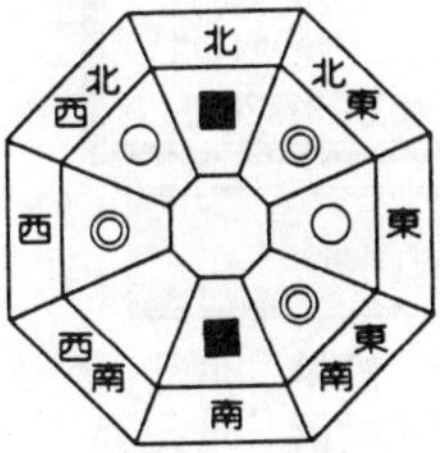

1991年

1992年

1993年

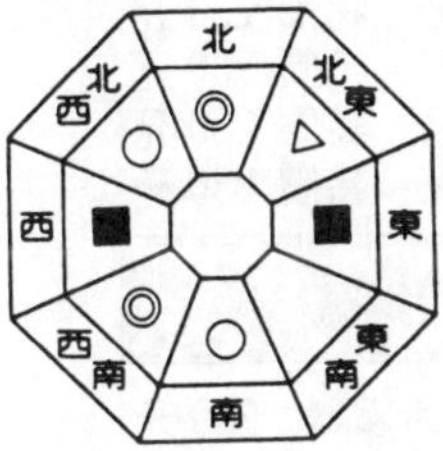

1994年

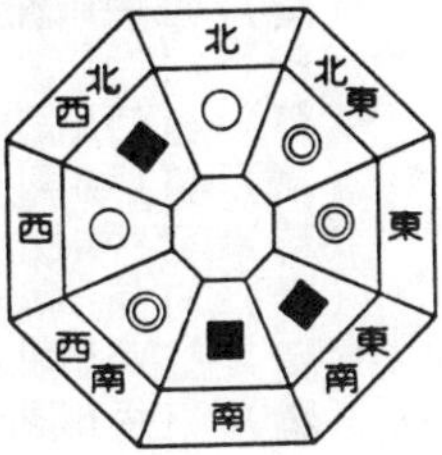

1995年

1996年

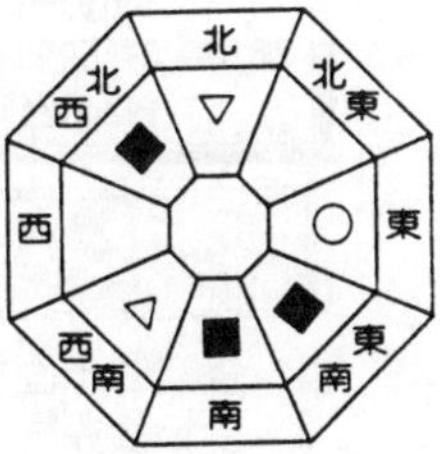

1997年

1998年

1999年

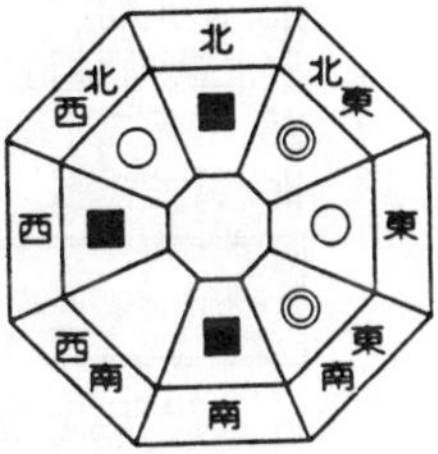

◎大吉　○中吉　△小吉　■凶

展出版社有限公司 品冠文化出版社	圖書目錄

地址：台北市北投區（石牌）
致遠一路二段 12 巷 1 號
郵撥：01669551＜大展＞
19346241＜品冠＞
電話：（02）28236031
28236033
28233123
傳真：（02）28272069

・少年偵探・品冠編號 66

1.	怪盜二十面相	（精）	江戶川亂步著	特價 189 元
2.	少年偵探團	（精）	江戶川亂步著	特價 189 元
3.	妖怪博士	（精）	江戶川亂步著	特價 189 元
4.	大金塊	（精）	江戶川亂步著	特價 230 元
5.	青銅魔人	（精）	江戶川亂步著	特價 230 元
6.	地底魔術王	（精）	江戶川亂步著	特價 230 元
7.	透明怪人	（精）	江戶川亂步著	特價 230 元
8.	怪人四十面相	（精）	江戶川亂步著	特價 230 元
9.	宇宙怪人	（精）	江戶川亂步著	特價 230 元
10.	恐怖的鐵塔王國	（精）	江戶川亂步著	特價 230 元
11.	灰色巨人	（精）	江戶川亂步著	特價 230 元
12.	海底魔術師	（精）	江戶川亂步著	特價 230 元
13.	黃金豹	（精）	江戶川亂步著	特價 230 元
14.	魔法博士	（精）	江戶川亂步著	特價 230 元
15.	馬戲怪人	（精）	江戶川亂步著	特價 230 元
16.	魔人銅鑼	（精）	江戶川亂步著	特價 230 元
17.	魔法人偶	（精）	江戶川亂步著	特價 230 元
18.	奇面城的秘密	（精）	江戶川亂步著	特價 230 元
19.	夜光人	（精）	江戶川亂步著	特價 230 元
20.	塔上的魔術師	（精）	江戶川亂步著	特價 230 元
21.	鐵人Q	（精）	江戶川亂步著	特價 230 元
22.	假面恐怖王	（精）	江戶川亂步著	特價 230 元
23.	電人M	（精）	江戶川亂步著	特價 230 元
24.	二十面相的詛咒	（精）	江戶川亂步著	特價 230 元
25.	飛天二十面相	（精）	江戶川亂步著	特價 230 元
26.	黃金怪獸	（精）	江戶川亂步著	特價 230 元

・生活廣場・品冠編號 61

1.	366 天誕生星	李芳黛譯	280 元
2.	366 天誕生花與誕生石	李芳黛譯	280 元
3.	科學命相	淺野八郎著	220 元
4.	已知的他界科學	陳蒼杰譯	220 元

5. 開拓未來的他界科學　陳蒼杰譯　220元
6. 世紀末變態心理犯罪檔案　沈永嘉譯　240元
7. 366天開運年鑑　林廷宇編著　230元
8. 色彩學與你　野村順一著　230元
9. 科學手相　淺野八郎著　230元
10. 你也能成為戀愛高手　柯富陽編著　220元
11. 血型與十二星座　許淑瑛編著　230元
12. 動物測驗—人性現形　淺野八郎著　200元
13. 愛情、幸福完全自測　淺野八郎著　200元
14. 輕鬆攻佔女性　趙奕世編著　230元
15. 解讀命運密碼　郭宗德著　200元
16. 由客家了解亞洲　高木桂藏著　220元

・女醫師系列・品冠編號 62

1. 子宮內膜症　國府田清子著　200元
2. 子宮肌瘤　黑島淳子著　200元
3. 上班女性的壓力症候群　池下育子著　200元
4. 漏尿、尿失禁　中田真木著　200元
5. 高齡生產　大鷹美子著　200元
6. 子宮癌　上坊敏子著　200元
7. 避孕　早乙女智子著　200元
8. 不孕症　中村春根著　200元
9. 生理痛與生理不順　堀口雅子著　200元
10. 更年期　野末悅子著　200元

・傳統民俗療法・品冠編號 63

1. 神奇刀療法　潘文雄著　200元
2. 神奇拍打療法　安在峰著　200元
3. 神奇拔罐療法　安在峰著　200元
4. 神奇艾灸療法　安在峰著　200元
5. 神奇貼敷療法　安在峰著　200元
6. 神奇薰洗療法　安在峰著　200元
7. 神奇耳穴療法　安在峰著　200元
8. 神奇指針療法　安在峰著　200元
9. 神奇藥酒療法　安在峰著　200元
10. 神奇藥茶療法　安在峰著　200元
11. 神奇推拿療法　張貴荷著　200元
12. 神奇止痛療法　漆 浩 著　200元

・常見病藥膳調養叢書・品冠編號 631

1. 脂肪肝四季飲食　蕭守貴著　200元

2. 高血壓四季飲食		秦玖剛著	200 元
3. 慢性腎炎四季飲食		魏從強著	200 元
4. 高脂血症四季飲食		薛輝著	200 元
5. 慢性胃炎四季飲食		馬秉祥著	200 元
6. 糖尿病四季飲食		王耀獻著	200 元
7. 癌症四季飲食		李忠著	200 元
8. 痛風四季飲食		魯焰主編	200 元
9. 肝炎四季飲食		王虹等著	200 元
10. 肥胖症四季飲食		李偉等著	200 元
11. 膽囊炎、膽石症四季飲食		謝春娥著	200 元

・彩色圖解保健・品冠編號 64

1. 瘦身		主婦之友社	300 元
2. 腰痛		主婦之友社	300 元
3. 肩膀痠痛		主婦之友社	300 元
4. 腰、膝、腳的疼痛		主婦之友社	300 元
5. 壓力、精神疲勞		主婦之友社	300 元
6. 眼睛疲勞、視力減退		主婦之友社	300 元

・心 想 事 成・品冠編號 65

1. 魔法愛情點心		結城莫拉著	120 元
2. 可愛手工飾品		結城莫拉著	120 元
3. 可愛打扮 & 髮型		結城莫拉著	120 元
4. 撲克牌算命		結城莫拉著	120 元

・熱 門 新 知・品冠編號 67

1. 圖解基因與 DNA	（精）	中原英臣主編	230 元
2. 圖解人體的神奇	（精）	米山公啟主編	230 元
3. 圖解腦與心的構造	（精）	永田和哉主編	230 元
4. 圖解科學的神奇	（精）	鳥海光弘主編	230 元
5. 圖解數學的神奇	（精）	柳 谷 晃著	250 元
6. 圖解基因操作	（精）	海老原充主編	230 元
7. 圖解後基因組	（精）	才園哲人著	230 元

・武 術 特 輯・大展編號 10

1. 陳式太極拳入門		馮志強編著	180 元
2. 武式太極拳		郝少如編著	200 元
3. 中國跆拳道實戰 100 例		岳維傳著	220 元
4. 教門長拳		蕭京凌編著	150 元
5. 跆拳道		蕭京凌編譯	180 元

6.	正傳合氣道	程曉鈴譯	200 元
8.	格鬥空手道	鄭旭旭編著	200 元
9.	實用跆拳道	陳國榮編著	200 元
10.	武術初學指南	李文英、解守德編著	250 元
11.	泰國拳	陳國榮著	180 元
12.	中國式摔跤	黃　斌編著	180 元
13.	太極劍入門	李德印編著	180 元
14.	太極拳運動	運動司編	250 元
15.	太極拳譜	清・王宗岳等著	280 元
16.	散手初學	冷　峰編著	200 元
17.	南拳	朱瑞琪編著	180 元
18.	吳式太極劍	王培生著	200 元
19.	太極拳健身與技擊	王培生著	250 元
20.	秘傳武當八卦掌	狄兆龍著	250 元
21.	太極拳論譚	沈　壽著	250 元
22.	陳式太極拳技擊法	馬　虹著	250 元
23.	二十四式/三十二式 太極 拳/劍	闞桂香著	180 元
24.	楊式秘傳 129 式太極長拳	張楚全著	280 元
25.	楊式太極拳架詳解	林炳堯著	280 元
26.	華佗五禽劍	劉時榮著	180 元
27.	太極拳基礎講座：基本功與簡化 24 式	李德印著	250 元
28.	武式太極拳精華	薛乃印著	200 元
29.	陳式太極拳拳理闡微	馬　虹著	350 元
30.	陳式太極拳體用全書	馬　虹著	400 元
31.	張三豐太極拳	陳占奎著	200 元
32.	中國太極推手	張　山主編	300 元
33.	48 式太極拳入門	門惠豐編著	220 元
34.	太極拳奇人奇功	嚴翰秀編著	250 元
35.	心意門秘籍	李新民編著	220 元
36.	三才門乾坤戊己功	王培生編著	220 元
37.	武式太極劍精華＋VCD	薛乃印編著	350 元
38.	楊式太極拳	傅鐘文演述	200 元
39.	陳式太極拳、劍 36 式	闞桂香編著	250 元
40.	正宗武式太極拳	薛乃印著	220 元
41.	杜元化＜太極拳正宗＞考析	王海洲等著	300 元
42.	＜珍貴版＞陳式太極拳	沈家楨著	280 元
43.	24 式太極拳＋VCD	中國國家體育總局著	350 元
44.	太極推手絕技	安在峰編著	250 元
45.	孫祿堂武學錄	孫祿堂著	300 元
46.	＜珍貴本＞陳式太極拳精選	馮志強著	280 元
47.	武當趙堡太極拳小架	鄭悟清傳授	250 元
48.	太極拳習練知識問答	邱丕相主編	220 元
49.	八法拳 八法槍	武世俊著	220 元
50.	地趟拳＋VCD	張憲政著	350 元

51.	四十八式太極拳＋VCD	楊 靜演示	400 元
52.	三十二式太極劍＋VCD	楊 靜演示	300 元
53.	隨曲就伸 中國太極拳名家對話錄	余功保著	300 元
54.	陳式太極拳五功八法十三勢	鬫桂香著	200 元
55.	六合螳螂拳	劉敬儒等著	280 元
56.	古本新探華佗五禽戲	劉時榮編著	180 元
57.	陳式太極拳養生功＋VCD	陳正雷著	350 元
58.	中國循經太極拳二十四式教程	李兆生著	300 元
59.	<珍貴本>太極拳研究	唐豪・顧留馨著	250 元
60.	武當三豐太極拳	劉嗣傳著	300 元
61.	楊式太極拳體用圖解	崔仲三編著	350 元
62.	太極十三刀	張耀忠編著	230 元
63.	和式太極拳譜＋VCD	和有祿編著	450 元

・彩色圖解太極武術・大展編號 102

1.	太極功夫扇	李德印編著	220 元
2.	武當太極劍	李德印編著	220 元
3.	楊式太極劍	李德印編著	220 元
4.	楊式太極刀	王志遠著	220 元
5.	二十四式太極拳（楊式）＋VCD	李德印編著	350 元
6.	三十二式太極劍（楊式）＋VCD	李德印編著	350 元
7.	四十二式太極劍＋VCD	李德印編著	350 元
8.	四十二式太極拳＋VCD	李德印編著	350 元
9.	16 式太極拳 18 式太極劍＋VCD	崔仲三著	350 元
10.	楊氏 28 式太極拳＋VCD	趙幼斌著	350 元
11.	楊式太極拳 40 式＋VCD	宗維潔編著	350 元
12.	陳式太極拳 56 式＋VCD	黃康輝等著	350 元
13.	吳式太極拳 45 式＋VCD	宗維潔編著	350 元
14.	精簡陳式太極拳 8 式、16 式	黃康輝編著	220 元
15.	精簡吳式太極拳<36 式拳架・推手>	柳恩久主編	220 元
16.	夕陽美功夫扇	李德印著	220 元

・國際武術競賽套路・大展編號 103

1.	長拳	李巧玲執筆	220 元
2.	劍術	程慧琨執筆	220 元
3.	刀術	劉同為執筆	220 元
4.	槍術	張躍寧執筆	220 元
5.	棍術	殷玉柱執筆	220 元

・簡化太極拳・大展編號 104

1.	陳式太極拳十三式	陳正雷編著	200 元

2. 楊式太極拳十三式 楊振鐸編著 200 元
3. 吳式太極拳十三式 李秉慈編著 200 元
4. 武式太極拳十三式 喬松茂編著 200 元
5. 孫式太極拳十三式 孫劍雲編著 200 元
6. 趙堡太極拳十三式 王海洲編著 200 元

・中國當代太極拳名家名著・大展編號 106

1. 李德印太極拳規範教程 李德印著 550 元
2. 王培生吳式太極拳詮真 王培生著 500 元
3. 喬松茂武式太極拳詮真 喬松茂著 450 元
4. 孫劍雲孫式太極拳詮真 孫劍雲著 350 元
5. 王海洲趙堡太極拳詮真 王海洲著 500 元
6. 鄭琛太極拳道詮真 鄭琛著 450 元

・名師出高徒・大展編號 111

1. 武術基本功與基本動作 劉玉萍編著 200 元
2. 長拳入門與精進 吳彬等著 220 元
3. 劍術刀術入門與精進 楊柏龍等著 220 元
4. 棍術、槍術入門與精進 邱丕相編著 220 元
5. 南拳入門與精進 朱瑞琪編著 220 元
6. 散手入門與精進 張山等著 220 元
7. 太極拳入門與精進 李德印編著 280 元
8. 太極推手入門與精進 田金龍編著 220 元

・實用武術技擊・大展編號 112

1. 實用自衛拳法 溫佐惠著 250 元
2. 搏擊術精選 陳清山等著 220 元
3. 秘傳防身絕技 程崑彬著 230 元
4. 振藩截拳道入門 陳琦平著 220 元
5. 實用擒拿法 韓建中著 220 元
6. 擒拿反擒拿 88 法 韓建中著 250 元
7. 武當秘門技擊術入門篇 高翔著 250 元
8. 武當秘門技擊術絕技篇 高翔著 250 元
9. 太極拳實用技擊法 武世俊著 220 元

・中國武術規定套路・大展編號 113

1. 螳螂拳 中國武術系列 300 元
2. 劈掛拳 規定套路編寫組 300 元
3. 八極拳 國家體育總局 250 元
4. 木蘭拳 國家體育總局 230 元

房屋風水與運勢　ISBN 957-557-201-7
編著者／邱　震　睿
發行人／蔡　森　明
出版者／大展出版社有限公司
社　址／台北市北投區（石牌）致遠一路 2 段 12 巷 1 號
電　話／（02）28236031・28236033・28233123
傳　真／（02）28272069
郵政劃撥／01669551
網　址／www.dah-jaan.com.tw
E－mail／service@dah-jaan.com.tw
登記證／局版臺業字第 2171 號
承印者／高星印刷品行
裝　訂／協億印製廠股份有限公司
排版者／千兵企業有限公司
初版 1 刷／1991 年（民 80 年）12 月
二版 2 刷／1995 年（民 84 年）12 月
二版 3 刷／1998 年（民 87 年） 4 月
二版 4 刷／2005 年（民 94 年） 1 月

定價／200 元